U0505356

上海市发展改革研究院
研｜究｜丛｜书

上海市发展改革研究院 ◎ 著

发展改革学术年刊
2015／2016

第六届上海市发展改革经济学论坛

上海人民出版社　格致出版社

总 序

　　当好"改革开放排头兵、创新发展先行者"是国家赋予上海的光荣使命。立足适应和引领经济发展新常态,上海始终站在改革开放和创新发展的前沿,成为全国深化改革开放的试验田,新理念、新实践、新经验迭出。2013 年上海设立中国首个自由贸易试验区,2015 年上海迈上向具有全球影响力的科技创新中心进军的新征程。这一系列重大战略和创新举措的实施既是应对和解决当前经济社会发展问题的需要,也是以上海这样一个超大型城市作为样本,先行探索未来中国发展理论、指导实践的重要组成部分。无疑,我们这个时代的决策咨询研究者需要肩负起更多思想创新的责任,要立足当下,穿透表象,继往开来,共同为求索未来竭尽心智。

　　上海市发展改革研究院作为上海市委、市政府重要的决策咨询机构,紧紧围绕发展和改革决策咨询需求,近年来,围绕"十三五"发展规划、中国(上海)自由贸易试验区制度创新、建设具有全球影响力的科技创新中心、经济形势跟踪分析、收入分配改革、城乡发展一体化等重大主题和重点领域,积极拓展视野,深入开展调查研究,建言献策,形成一系列决策咨询研究成果,得到市委、市政府和市发展改革委领导的肯定和各方面关注,多次获得国家发展和改革委员会优秀研究成果奖项、上海市决策咨询研究成果奖项以及上海市发展改革决策咨询研究成果奖项等,并在政府规划、政策和工作方案编制过程中被采纳运用,扩大了我院在上海智库界的影响力。

我院拥有一支经验丰富、作风扎实、创新活跃的研究队伍,一直以来坚持目标导向和问题导向,始终把研究的重心聚焦在事关全市发展改革的重大领域和关键环节。通过设立发展改革经济学论坛这一平台,我们秉持"泰山不让土壤,故能成其大,河海不择细流,故能就其深"的理念,鼓励我院的青年研究人员对于经济社会发展中的热点难点问题进行多角度、深层次的梳理和思考,加强思想交流和碰撞。智慧之花汇聚成一股股思想涓流,融入大时代发展的浪潮之中。

　　让我们共同见证思想者成长成熟的轨迹,共同瞩望思想之果桃李满天下的明天。是为序。

上海市发展和改革委员会副主任
上海市发展改革研究院院长　　阮青

目 录

Contents

专题一

自贸试验区与科创中心建设

上海自贸试验区加强事中事后监管的思考与建议 *

路建楠

1 自贸试验区推进政府职能转变加强事中事后监管中存在的若干问题

1.1 证照办理依然繁复、流程设计有待优化

《中国(上海)自由贸易试验区总体方案》提出"推进政府管理由注重事先审批转为注重事中、事后监管,建立一口受理、综合审批和高效运作的服务模式"的改革要求。自贸区以商事登记制度改革为切入口,优化事前审批手续,推动开展外资批准文件、营业执照、组织机构代码证、税务登记证"四证联办"试点,提高了企业设立环节的便捷性。但调研中企业反映,"四证联办"并不意味着企业实际能开业经营,后续证照办理仍"长路漫漫"。

1. 证照办理事项依然繁复,企业完成开业证照办理周期仍较长。以化工企业为例,从证照办理具体流程看,企业从设立到开业再到获得全部前置许可共需办理证照 39 张,其中涉及企业设立环节的证照 5 张、一般企业开业证照 18 张、行业前置许可证证照 16 张。主要问题包括:第一,证照办理数量仍然较多,2013—2015年的 3 年间,证照数量从 43 张减少到 39 张,仅减少了 4 张(见图 1)。第二,证照办理时间长短不一,根据不同审批要求,各类证照办理时间少则 1 天,如原产地注册登记证;长则 66 天,如新化学物质环境管理登记证。调研企业反映,在证照办

---

* 本课题结题时间为 2015 年 6 月底,文中提及的改革推进中存在的问题在后续时间中已经陆续得到解决。

理过程中耗时费力,花钱不少。据企业有关人士估算,办理完成开业所需的证照手续,投入包括内部人员成本、律师费、中介费等需 35 万—40 万元。

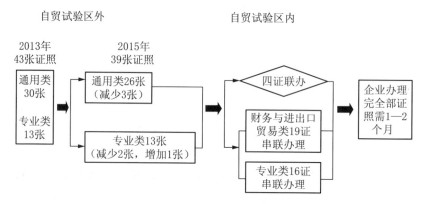

图 1　自贸试验区内外企业证照办理方式示意图

2. 证照办理的联动性不足,影响企业的便利度。主要问题包括:一是跨部门证照联办的覆盖范围有限,从整个证照办理链条看,自贸区内企业设立环节的 4 张证照联办只是帮助企业迈过"设立门槛",相对于其余 35 张证照,证照联办只是简化了所有流程的一小部分。二是同一部门内部的证照办理链条没有打通,从证照办理流程看,部分证照由同一部门审批,比如与海关相关的证照有 7 张,在办理完成海关注册登记证后,其他相关证照办理仍需逐一审批,并联审批机制尚未形成。目前,国内部分城市和地区已经在证照联办上有较大突破,以广东省东莞市外商投资"十证联办"为例,企业凭借外商投资企业批准证书等 3 张基础证照即可完成海关报关单位注册登记证在内的 10 张关键证照的办理,具体见图 2。

3. 项目审批流程中仍存在"灰色地带",个别环节影响整体审批效率。调研企业反映,在涉及行业许可的前置审批中,仍有审批流程不清晰、存在自由裁量权、格式不明确等导致的"灰色地带"。从图 3 所示的企业关键审批事项流程看,影响项目落地的主要环节是环评报告、立项报告和初步设计报告。以环评报告为例,目前有关部门对环评报告有一、二、三级的分类要求,但缺乏具体的分级标准,使企业对项目环评报告定级很难把握,需向环保、卫生、工程建设等多个部门咨询,有时无法获得明确答复,往复较多。

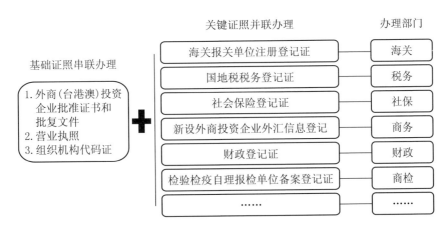

注:东莞市外商投资"十证联办"的改革成效为:(1)现场所需材料从改革前的 51 份减少到改革后的 23 份,减少了 55%;(2)以海关报关单位注册登记证为例,原来办理时间需 5 天,现在网上材料递交完成后,最快仅需 1 小时。

图 2 东莞市外商投资"十证联办"流程示意图

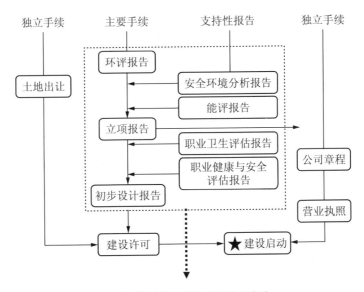

注:只有虚框中的 7 份报告全部拿到政府部门许可,项目方可启动。

图 3 企业关键审批事项流程

　　以上案例说明,自贸区证照办理环节繁多的矛盾由"先照"环节转移到了"后证"环节,"先照"只是解决了企业的设立问题,若"后证"办理问题不解决,将直接制约企业开业和项目落地。

1.2　企业经营异常名录制度作用发挥有限,政府部门联动和协同有待加强

　　目前,自贸区事中事后监管制度创新推进取得了阶段性成果,特别是企业年度报告公示及经营异常名录制度开启了以信用管理手段为核心、推进事中事后监管制度的先河。经调研了解,这项改革在实际推进中遇到了三个瓶颈问题。

　　其一,工商以外部门对异常名录制度的知晓度和使用率不高。2014 年国务院颁布《企业信息公示暂行条例》,已经明确规定"在政府采购、工程招投标、国有土地出让、授予荣誉称号等工作中,对被列入经营异常名录或者严重违法企业名单的企业依法予以限制或者禁入"。但目前其实际应用主要还限于工商部门,如对异常名录企业申请著名商标予以限制,其他政府部门对异常名录制度的知晓度不高,实际使用案例很少,有关部门反映,在实际使用异常名录过程中难以把握合理的尺度。比如,对于企业排名类荣誉称号的授予,有关部门主要参考的是营业收入、纳税总额、吸收就业人数等经济指标,与异常名录所反映的企业失信行为间的关系如何判定、是否可以实施"一票否决"尚缺乏依据和细则规定。

　　其二,异常名录制度对企业具体失信行为的"辨识度"难确认。按异常名录制度,企业失信行为包括四类情形:未按规定期限履行年报公示义务、通过登记的住所或者经营场所无法联系、公示信息隐瞒真实情况及弄虚作假、未按规定期限履行即时信息公示义务等,并以此作为载入企业经营异常名录的依据。①截至 2015年 6 月 30 日,自贸区共有 6 533 家企业载入异常名录,其中,67.7％是企业未按期履行年报公示义务,31.1％的企业属于登记住所无法联系,属于弄虚作假企业仅为 68 家,占 1％,未按规定期限履行即时信息公示义务的为 0(见表 1)。具体分析

---

　　①　根据国务院《企业信息公示暂行条例》和国家工商总局《企业经营异常名录管理暂行办法》有关规定,企业需在 20 个工作日内通过企业信用信息公示系统向社会公示的即时信息包括:受到行政处罚、知识产权出质登记等六类信息,但对于这类信息是否能够及时反馈公示,尚缺乏监督落实机制。

这四类情形,未按规定期限履行年报公示义务、通过登记的住所或者经营场所无法联系的企业失信较轻;而弄虚作假和未按规定期限履行即时信息公示义务这两类失信行为比较严重,但占比很少。这表明异常名录对于企业失信行为信息的归集还有待充实,对失信程度的甄别还要细分,以绝大部分企业失信行为较轻情况作为监管部门实施惩戒措施的依据显得不足。

表 1　上海自贸试验区企业年报公示及异常名录制度企业及构成统计
(截至 2015 年 6 月 30 日)

载入类别	企业户数(家)	占比
未按规定期限履行年报公示义务	4 420	67.7%
通过登记的住所或者经营场所无法联系	2 045	31.3%
公示信息隐瞒真实情况、弄虚作假	68	1%
未按规定期限履行即时信息公示义务	0	0

注:表中统计数据截至 2015 年 6 月 30 日。

其三,利用异常名录制度实施惩戒的"威慑力"不够。例如,按异常名录制度规定,满 3 年仍未履行公示义务的企业将列入严重违法企业"黑名单",由于异常名录推行仅 1 年多,实际上还没有企业被纳入"黑名单"。即便有企业纳入"黑名单",工商部门能够实施的最严厉惩罚是企业法定代表人、负责人 3 年内不得担任其他企业的法定代表人、负责人,实际上有些企业仍可通过他人代持股权等方式进行变通,"黑名单"制度实际惩戒效力不足。

由此可见,在利用异常名录推动建立以信用管理手段为核心、实现政府管理由事前审批向事中事后监管转变的过程中,企业法人信用信息的归集来源仍较单一,无法全面准确判别市场主体的失信状况,也难以为政府监管部门实施惩戒措施提供有效的依据和有力度的手段,建立"一处失信、处处受限"的社会联动惩戒机制有待进一步破题。

1.3　部门间信息共享不到位,制约政府服务市场主体的能力和市场监管效率

信息共享是推进事中事后监管的关键,也是政府服务市场主体和社会的基

础。自贸区出台了《中国(上海)自由贸易试验区监管信息共享管理试行办法》《中国(上海)自由贸易试验区信用信息查询服务规程》等文件,开通了上海自贸区信用平台。主要问题如下:

1. 政府信息共享不够影响企业营商环境。例如,目前自贸区内企业开设 FT 账户的流程是由央行上海总部根据企业注册信息,将符合条件的企业纳入试点范围。这些企业有两种情况:一种是注册在浦东新区市场监管局的自贸区企业,目前开设 FT 账户已无障碍;另一种是注册在市工商局,带有上海市××公司称谓的自贸区企业,由于这类企业的注册信息没有与央行上海总部的数据后台共享,致使有些规模较大的企业未能及时纳入试点范围。据了解,相关部门已针对这种情况采取了补救措施,把这部分企业的名单提供给了央行上海总部,一时解决了问题,但由于目前工商部门和央行上海总部间尚未形成信息共享机制,遇到此类情况仍需通过线下提供名单或企业自行提供证明后由人工录入,给企业和相关部门带来不便。又如,在前述证照办理的例子中,自贸区内实现了"先照"的落地,但在"后证"的办理中,由于政府部门间后台信息未联通,致使企业在区内"先照"办理的结果信息没有同步在办理"后证"部门的信息终端出现,企业仍需拿着"先照"的原件或副本到相关部门逐一办理,自贸区内"办照"的便捷效应没有惠及区外"办证"环节,也给企业带来了不便。

2. 部门间信息共享不充分,一些领域存在边接受处罚、边享受优惠政策情况。例如,2013—2014 年,本市部分受到环保部门行政处罚而本应取消税收优惠享受资格的企业,仍在继续享受增值税减免优惠。据了解,税务部门在认定企业增值税优惠资格过程中,对于企业是否因违反环境法律法规而受到处罚情况,以企业自主申报和自主承诺为主,并根据环保部门官方网站上定期发布的企业处罚信息进行查询和核实,由于相关信息获取不及时,税务系统分局众多、在操作过程中存在遗漏。又如,本市部分高新技术企业在受到环保部门行政处罚后,仍继续拥有高新技术企业资格并享受所得税优惠等。这个例子除了说明政府部门的信息共享不够问题外,还反映如何运用环保处罚信息限制相关企业享受税收优惠政策仍缺乏细则,有部门甚至认为仅仅因为一两万元的环保违规罚款,就取消每年一两千万元的税收优惠似不尽合理。

1.4 社会力量参与市场监督的领域窄、程序繁,效果有限

以目前在自贸区内推进实施的采信第三方信用产品和服务制度(以下简称"第三方采信")为例,其初衷是希望通过引入第三方机构的专业服务,提高政府事中事后监管效率。调研了解到,作为社会信用体系应用的重要探索,上海自贸区在这方面尽管起步比较早,但第三方采信业务领域放开的力度不够,社会专业机构可参与的领域仍然有限,一些方面还滞后于国内其他地区,在实际操作中,引入第三方流程设计不合理,企业反映不便利。

1. 尽管上海自贸区率先在国内提出推进第三方采信制度,但实际推进的领域并不多,甚至落后于福建、广东等地。目前,上海自贸区进口法检采信第三方检验结果的商品仅限进口机动车和液体化工品(具体包括不含生物柴油的燃料油、石油及从沥青矿提取的油类、煤油馏分的油及制品、车用和普通柴油、液化天然气等6个商品编码),并且液体化工品采信的检测项目仅指数量和重量,不包括质量检测,实际获得认可的第三方检验鉴定机构仅中国检验认证集团(CCIC)1家。对照国内其他地区,福建自贸区已经在进口儿童玩具、机动车、褐煤、原油以及台湾地区婴幼儿纸尿裤、食品接触产品、服装等领域推进第三方采信;广东自贸区在进口食品接触产品、金属材料、纺织品等领域向第三方检验检测机构开放,通过采信第三方检验结果,大幅提高了通关效率,降低了企业成本(见表2)。

表2 **自贸试验区进口商品法检第三方采信开放领域对比**

地区	开 放 领 域
上海	进口机动车 进口液体化工品
福建	进口儿童玩具、机动车、褐煤、原油以及台湾地区婴幼儿纸尿裤、食品接触产品、服装
广东	进口食品接触产品、金属材料、纺织品
天津	进口机动车

2. 试点实施第三方采信之后,企业进口检验、报关流程反而更为复杂,第三方采信的实施增加了企业的报关步骤。以进口机动车第三方检测为例,在正式实施采信第三方检验结果试点以前,外高桥保税区就在探索借助第三方检测机构对进

口机动车进行检测,且这些检测机构出具报告后直接传递至商检部门,便利了进口企业报关通关。但是目前的第三方采信流程设计上,检测机构需将检测结果报告返还给企业,由企业将报告提交给商检部门,再由商检对报告进行核实后反馈到企业,企业拿到经商检核实后的报告申请报关。由商检到报关的整个流程从之前的 3 步(企业—第三方检测机构、商检—企业—海关),变成实施后的 5 步(企业—第三方检测机构—企业—商检—企业—海关),反而多了 2 步,企业认为便利度不升反降(见图 4)。

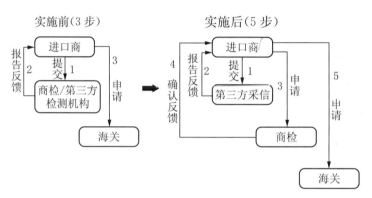

图 4　进口机动车第三方采信流程示意图

2　深入推进自贸试验区政府职能转变加强适中事后监管的若干建议

下一步要围绕浦东新区作为一级政府推动管理体制和监管模式的改革创新,在核心制度和基础制度方面形成突破,为全市的面上改革提供借鉴。建议主要把握好三个环节:第一,聚焦证照办理环节,进一步深化商事制度改革。大力推进区内简政放权,优化审批流程、明确审批格式,切实解决企业在完成登记注册后,许可证办理繁复带来的开业不便等突出问题。第二,强化信用管理环节,为实施事中事后监管筑牢根基。针对事中事后监管中面临的体制瓶颈和手段不足等问题,加强信用信息的多维度归集和信用惩戒的多部门联动,打造信用管理的"利器",率先在自贸区做实"一处失信、处处受限"的社会联动惩戒机制。第三,抓好信息共享环节,提高政府运行效率和服务市场主体的能力。以政务数据信息共享和深化协同运用为突破口,打破部门间的体制藩篱,克服监管盲区,提升政府监管和服务企业水平。

2.1 大力推进简政放权,优化审批流程

在自贸区率先开展证照办理全链贯通试点,实现审批信息全链共享、审批部门一链整合,"把方便留给企业、把不方便留给政府自己"。一是推动以基础证照带动主要证照的跨部门并联办理。在自贸区"四证联办"的基础上,拓展试点范围,经调研了解,包括营业执照在内的 4 张基础证照与海关注册登记证等 9 张主要证照的办理流程有较密切的关联度,覆盖了企业从登记注册到开业经营的主要环节,建议在自贸区深化跨部门并联审批的试点,打通以基础证照带动主要证照的办理链条(如图 5 所示)。

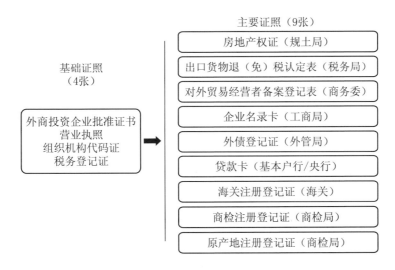

图 5　基础证照带动主要证照办理流程图

二是推动同一部门内主要证照连带相关证照办理。比如,在办理完成海关登记证等开业主要证照后,相应的其他六项证照可附带办理,实现同一部门证照事项一口受理、一次办理、同步发证(见图 6)。

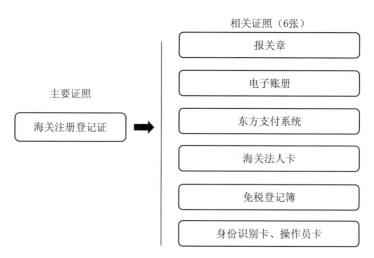

图 6　同一部门内主要证照连带相关证照办理示意图（以海关为例）

　　在推动实现以基础证照带动主要证照的跨部门并联办理以及同一部门内主要证照连带相关证照办理后，未来还可考虑按照外商投资企业通用的部门职能划分情况探索实现"跨部门单一窗口证照并联办理"，即根据审批流程事项进行单一窗口的并联处理，比如财务类、进出口贸易类的证照就可以一口受理、并联办理，真正把方便留给企业，把不方便留给政府部门自身。具体操作方式为，在并联审批 5 证联办的基础上，开通财务类单一窗口和进出口贸易类单一窗口，窗口为企业提供办理财务类证件所需材料清单以及证件办理需求表，企业一次性提供全部材料，并在需求表上勾选所需办理的证件名称，提交给窗口工作人员，窗口将企业材料一式 N 份发给窗口内的相关部门，经窗口后台相关部门的并联审批，企业一次性在单一窗口领取 N 张相关证件（见图 7）。

　　三是推动自贸区内外审批信息后台共享。建立区内区外审批信息共享机制，把自贸区内证照信息结果及时反映到区外证照办理部门信息终端，改变企业拿着证照原件和副本到处奔波的情况，提高整个证照办理链条效率。四是优化事前审批模式。在自贸区加快推动网上政务大厅建设，把尽可能多的审批事项接入网上政务大厅，实行全流程网上办理、实时电子监察和信息公开，增加审批流程透明度，规范审批格式，公示审批标准和格式清单，减少审批环节自由裁量权，消除审批"灰色地带"。

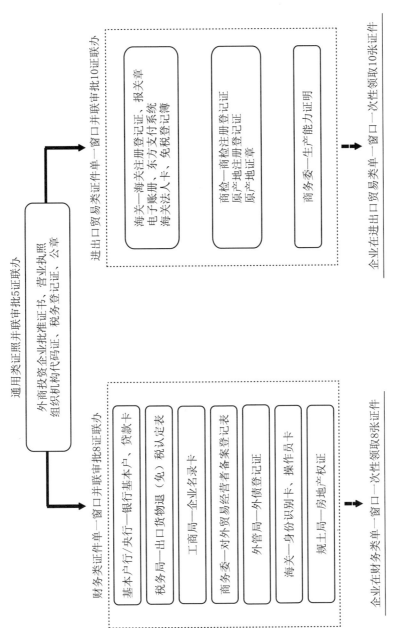

图7 2.0版照证照联办流程

2.2　加快完善以信用为核心的事中事后监管体系

面向事中事后监管实际需要,加快信用信息归集,扩大信用信息应用范围,构建联动惩戒机制。一是加快建立市场主体事前的信用承诺制度。落实国务院办公厅《关于运用大数据加强对市场主体服务和监管的若干意见》,明确市场主体准入前以规范格式向社会做出公开承诺,自愿接受对违法失信行为的约束和惩戒,纳入年报公示内容,列入市场主体信用记录。二是做实"一处失信、处处受限"的社会惩戒联动机制。在自贸区率先推动建立失信信息发现与信用联动惩戒的有效机制(如图 8 所示)。一方面,要以上海市公共信用信息平台为载体,加强信用信息归集,提升政府监管部门对市场主体"一处失信"行为的发现和综合判断能力,在市信用平台已归集 89 项信用信息基础上,研究制定第二批重点信用信息目录,提高数据质量,推动实现政府征信数据与社会征信数据的互联共享。另一方面,政府部门要在专项资金审批、食品药品安全、建设工程招投标、居住证积分管

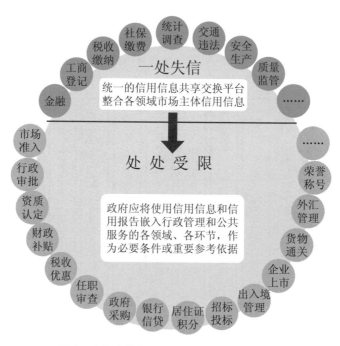

图 8　市场主体"一处失信、处处受限"示意图

理、财税扶持等重点领域加强对信用信息的运用,尽快形成"处处受限"的闭环链条。三是完善异常名录制度应用机制。提高异常名录制度的知晓度和部门使用频率,推动各部门主动参考运用异常名录,抓紧研究出台异常名录制度在部门监管中的使用细则。完善异常名录对市场主体失信信息的归集机制,加强部门监管信息共享,监督落实企业按要求履行行政处罚等即时信息的公示。在自贸区率先推出行业"黑名单"制度,研究完善严重违法企业"黑名单"的触发机制等。

2.3 推进信息共享平台建设,提高政府管理效率

主动适应互联网时代的政府治理新要求,在自贸区加大力度推动政务数据资源共享。一是以监管信息共享为重点,加强市场监管。在深入推进浦东新区市场监管、知识产权等领域的"三合一"改革基础上,汇总整合市场监管数据、法定检验监测数据、违法失信数据、投诉举报数据等信息。充分依托市公共信用信息平台,构建覆盖企业经营监管、环境治理、食品药品安全、消费安全等多领域的综合监管信息网络,以信息共享深化部门监管协同,提升市场监管效率。二是打通垂直部门与地方管理部门的信息共享渠道。借鉴广东黄埔海关积极参与地方政府"十证联办"的经验①,在自贸区内打通国家垂直部门与地方管理部门的信息共享渠道,既提高监管能力和效率,也为自贸区承接更多的国家事权下放打牢监管基础。三是推动自贸区政务数据资源更大程度共享和开放。在自贸区率先推动政务数据资源共享和开放,强化所有部门数据资源都是公共资源的理念,统一规则、统一标准,通过制定共享规范办法、实施监督检查、出台强制归集目录等方式,实现政务数据资源的共享开放。同时,引导各类社会机构整合和开放数据,形成政府信息与社会信息交相融合的大数据资源。

2.4 健全第三方采信制度,进一步加强社会信用体系的建立与应用

一是加大第三方采信的放开力度。对液体化工品放开质量检测,在保证检验

---

① 黄埔海关在确保数据安全的前提下,把海关的基础网络接入地方政务网,实现垂直部门与地方管理部门的信息共享,使海关注册登记证的办理从原来需要5天时间减少到网上提交资料后,最快1小时即可发证。

机构资质符合相关条件的前提下适时增加第三方采信机构的认定机构；扩大进口法检商品第三方采信的适用范围，抓紧开展食品、化妆品、药品以外的其他进出口商品第三方采信工作。二是优化第三方采信工作流程利用"单一窗口"的服务模式。在窗口系统预留第三方采信接口，企业仅需把检验样本提交给第三方检验机构，第三方检验机构出具报告后直接通过预留接口上传至"单一窗口"，商检海关同时受理，这样仅需两个步骤即可完成，将大大减轻企业负担、加快检验报关流程（见图9）。

图9 第三方采信"单一窗口"服务模式示意图

上海自贸试验区与国际大宗商品交易研究

华　夏

国际大宗商品对于一国的国际贸易至关重要,大宗商品的定价权将直接影响一国在国际贸易领域的话语权,进而影响一国的国际资源配置能力。设立国际大宗商品交易平台也是上海自贸试验区的重点试验内容,《中国(上海)自由贸易试验区总体方案》提出,"将探索在区内设立国际大宗商品交易和资源配置平台,开展能源产品、基本工业原料和大宗农产品的国际贸易"。上海自贸试验区的成立,为国内大宗商品金融化和国际化提供了契机。目前,上海自贸试验区已经吸引上海国际能源交易中心落户,主要从事原油、天然气、石化产品等能源类衍生品的上市交易、结算和交割等业务,是中国证监会批准的第五家全国性期货交易所。未来还将在国际期货机构主体引入、国际交易主体参与、大宗商品交易品种拓展等方面不断深化。

1　国际大宗商品市场体系构建的国际经验

1.1　国际经验之一:构建多层次大宗商品市场体系

英美的大宗商品市场拥有比较成熟的市场体系,无论从市场参与者角度还是从交易产品的角度,都有比较清晰明确的层次划分。一般根据不同市场参与主体的需求差异来建立不同层次的市场,与其多层次市场结构相呼应的是其国内多元化的市场参与主体。多层次大宗商品市场的基本功能是提供价格发现机制和套期保值工具。通过在不同层次市场引入价格发现机制、套保套利工具、报价功能、清算机制、标准化合约,多层次商品市场可以降低实体经济的交易成本、物流成本和融资成本,并推动实体经济的集约化、市场化、规模化。后金融危机时代的发达国家市场监管的发展趋势表明,完整的商品市场体系一般包含三个层次:场内期货市场、场外衍生品市场和基础现货市场。具体而言,场内期货市场根据交易制度分为集中竞价市场和做市商市场;场外衍生品市场根据衍生品能否进入场内集中清算分为场内清算的场外市场和未进场集中清算的场外市场。连接场内市场与场外市场的是集中清算平台(或称中央对手方机制)。多层次商品市场体系一方面为各类投资者提供了多种多样的创新产品,另一方面也拓展了产品交易机制,形成了灵活的、以需求为导向的交易、清算方式,所以市场效率较高,投资者能够有效地参与并促进市场交易,在资源配置方面能够最大限度地发挥"无形的手"的作用,所以能够更好地服务于实体经济。

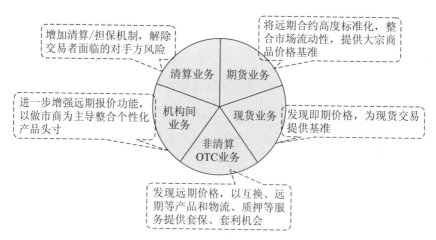

图 1　大宗商品市场的功能体系

表 1　发达国家多层商品市场体系

国家	美国	英国	日本	印度
市场分层	现货市场 OTC 市场 期货市场	现货市场 OTC 市场 期货市场	现货市场 OTC 市场 期货市场	现货市场 中间市场 期货市场
监管配套	对相应层次进行有针对性的监管	健全的法律体系和量体裁衣式的监管风格	监管条块分割,管制过严导致市场缩小	明确区分全国交易所和地区交易所的业务权限,分类监管
服务实体	产品种类丰富,期现货市场有效互动	市场参与者多样化,奠定多个品种的国际定价中心地位	市场参与度小,期现货市场分割,国际地位下降	期现货市场的互动紧密,市场垄断性明显

1.2 国际经验之二：采用灵活的分层监管模式

市场监管秉持完整性和灵活性并重的原则。在监管方面，美国和英国都有比较完善和相对协调的监管体系。美国的商品市场由于市场分层明晰，产品种类繁多，不同的客户出于不同的投资需求参与市场交易，因此对各个市场层次、各类投资者和各类产品都有相应的监管规则，监管有很强的针对性，从而达到了在保持商品市场竞争的同时加强市场监管、维护市场整体稳定的目的。制定分层监管规则。大宗商品市场在不同的发展阶段，基于不同的市场基础和品种，会发育出不同的经营业态。国外发达国家一般根据各类经营业态和各个市场层次配套差异化，构建分层监管规则，并设计转板制度。分层监管一是有利于市场创新，二是有利于市场活力释放，三是可节省监管资源，降低监管成本。转板制度有利于打通各市场层次之间的联系，实现动态化监管。根据国际惯例，对于期货市场，由于监管最为严格，各项规则最为规范，产品标准化程度最高，因此风险最低，投资者准入门槛最低；场外衍生品市场监管较为宽松，信息披露要求较低，产品个性化程度较高，所以只允许专业投资者进入；现货市场则豁免或部分豁免监管。

1.3 国际经验之三：建立完善的清算业务功能

清算业务是指通过逐日盯市制度、保证金制度等为交易双方提供净额结算服务的业务，经历了非标准化双边清算模式、标准化双边清算模式、中央对手方清算（或称集中清算）模式三个发展阶段。美国次贷危机爆发后，美国、英国、日本等国纷纷出台法规，推动了清算业务由双边模式向中央对手方模式的全面转变。集中清算业务的功能是为交易双方提供履约担保，解除交易者面临的对手方风险。先进的风险管理制度有利于加快业务创新，提高市场效率和流动性，并有助于完善市场监管，防范系统性风险，维护市场稳定。从美国经验来看，《多德—弗兰克法案》明确要求凡是能在场内清算的场外市场品种都需要在场内清算，包括芝加哥商品期货交易所在内的美国几个大型期货交易所都纷纷将目光投向为场外市场进行集中清算的业务领域。

1.4　国际经验之四：以期货价格为基准的大宗商品定价机制

国际期货市场展占据大宗商品定价权制高点,其价格成为国际贸易的基准价格。大宗商品的国际定价权归属于世界著名商品期货交易所(即国际定价中心)。发达国家利用定价中心主导定价权。自 20 世纪 70 年代以来,国际经济交往和资本流动规模不断扩大,发达国家期货市场的功能和影响力得到了迅速提升,也使得全球主要的大宗商品贸易定价日益以期货市场价格为形成基准(见表2)。发达国家凭借强大的经济实力和市场基础,形成了以 CBOT(芝加哥期货交易所)主导农产品价格、LME(伦敦金属交易所)主导有色金属价格、TOCOM(日本东京工业品交易所)主导橡胶价格和 NYMEX(纽约商业交易所)主导能源价格、新加坡普氏主导燃料油价格的国际定价中心。与这些大宗商品期货市场定价权形成相匹配的,还有完善的现货交易价格功能和金融服务及物流服务功能。这些定价中心不仅决定着国际贸易的价格形成基础,而且使本国的金融资本、信息具有强大能力,影响全球商品价格走势。

表2　**国际大宗商品定价机制**

商品类别	定价机制
石油	期货价格主导
铁矿石	无期货市场,向季度谈判或现货贸易转变,出现指数化和金融化定价趋势
铜	以期货价格为基准,谈判形成加工费
铝	以期货价格为基准,谈判形成折扣比例
铅、锌、镍	期货价格主导
煤炭	没有期货品种,但煤炭价格指数发展成熟,价格通过国际谈判决定
农产品	现货价格参考期货价格
黄金	期货价格主导,与汇率波动密切相关

1.5　国际经验之五：做市商制度为主的交易机制

LME 是目前世界上最大的有色金属交易所。LME 所采用做市商机制,即市场上有一些具备一定实力和信誉的证券经营机构作为特许交易商,不断向投资者报出特定的有色金属现货与期货的买入价与卖出价,并在该价位上接受公众的买卖要求。相较于国内证券业常见的撮合制度,做市商制度能够有效校正买卖指令不均衡的现象,提高市场的流动性,较好地维持市场的稳定,同时做市商制度拥有较好的价格发现功能,并能够有效抑制价格操纵。目前,香港交易所的指数期货和利率期货、新加坡交易所的新元利率期货、东京国际金融期货与期权交易所的美元对日元汇率期货、芝加哥商品交易所的活牛期货和天气期货、纽约商业交易所的天然气期货和铝期货以及伦敦金属交易所、伦敦国际石油交易所、伦敦国际金融期货期权交易所、德国期货交易所等具有全球影响力的交易机构大多采用做市商制度。

1.6 国际经验之六:实施期货产品备案制

从美国期货交易所来看,CFTC 对交易所上市品种都采取备案制管理,品种是否能够存活完全由市场决定,这种模式提高了期货市场的效率,使交易所能够更加快速灵活地响应市场需求。而目前我国期货交易所新品种上市、交割仓库的设立都需要证监会的审批,重大品种需要国务院审批。因此,监管层可以考虑酌情放开对一些非重大品种的审批要求,由交易所根据市场情况自行决定,品种上市后由交易所对市场的运行状况进行日常监管,逐步从审批制转向审批和报备相结合的监管制度。

1.7 国际经验之七:灵活自主的大宗商品期货市场保证金制度安排

国外交易所保证金一般以三种形式存在:一是以现金和美国国债冲抵保证金;二是以美国政府部门债券、CME(芝加哥商品交易集团)认可的抵押贷款证券(MBS)冲抵保证金;三是以股票、黄金、公司债和外国政府债等(能够最多)抵扣 40% 的保证金。另外,CME 自行推出的 IEF 货币基金也可以作为保证金抵押品。在美国,多数投资者选择以现金以外的上述方式来支付保证金,以获得保证金的增值部分。(目前我国期货市场客户保证金大多以现金形式存在,其所产生的利息仍由交易所和期货公司支配。)

2 我国发展国际大宗商品交易市场现状情况

2.1 国内积极探索国际大宗商品交易的市场建立和规则制定

1. 中国已经成为全球最大的大宗商品进口国之一、全球主要大宗商品的重要消费地。过去 30 年,随着中国经济迅速增长并逐步成为"全球工厂",中国的大宗商品消费量与进口量激增。从总量看,中国大宗商品总消费量约占全球总消费量的 18.7%,有 19 种品种消费量全球第一。从结构看,中国消费量占全球比重超过40%(含 40%)的有 8 个,包括铁矿石 68%、稀土 67%、PTA 52%、煤炭 48%、甲醇 45%、精炼铜 41%、原铝 41%、棉花 40%;20%—40%(含 20%)的有 9 个。目前进口依存度超过 40%的有 7 个,包括大豆 81%、铁矿石 54.89%、原油 53.7%、天然橡胶 53.1%、聚乙烯 45.1%、铂 45%、棉花 40%;20%—40%的有 9 个,包括精炼铜 39.4%、甲苯 36.1%、聚丙烯 34.7%、精炼镍 34.6%、白银 33.4%、PTA 31.5%、棉花 28%、原木 25.3%、甲醇 24.8%。

2. 近年来我国进口增幅大于出口,大宗商品进口增势强劲是重要因素。2000年至今,我国进口增幅总体高于出口,其中大宗商品进口增势尤其强劲。初级产品以大宗商品为主,化学品及有关产品、未分类的其他商品里,也有相当一部分是大宗商品。

3. 大宗商品定价权取得初步进展。近年来,我国在大宗商品定价权方面,已经取得一些进步,铜、大豆等品种在国际市场上,尤其是亚洲市场上已经有了初步定价权,燃料油、天然橡胶也已经开始展现了一定的国际影响力。尤其是上海期货交易所的金属铜,已经成为全球三大定价基准之一。

4. 借鉴优越交易理念和管理模式,实现创新发展。我国主要大宗商品进口交易市场都借鉴了国内外优越的交易理念和管理模式,实现创新发展,如青岛国际商品交易所是目前国内唯一与国际市场价格同步、以美元结算为主导的交易市场;宁波大宗商品交易所在电子商务应用、服务、政策等方面积极借鉴国内外先进的理念和模式,实现创新发展;北京石油交易所是全国首家开展国际贸易的交易平台;张家港自贸试验区国际棉花交易市场将传统的国际棉花贸易的采购周期缩短至 3 天,将复杂的国际采购过程变为简单、便捷、直观的现货交易。

5. 依托一定的产业基础,选择合适的品种,实现专业化发展。我国主要的 4 个大宗商品交易所,均选择了其产业基础强的产品作为交易品种。比如青岛国际商品交易所依托全国最大天然橡胶进口口岸、需求市场和集散地;宁波大宗商品交易所依托国内矿石、原油、液体化工等大宗商品进口重要的中转储存基地和长三角这一重要的全球制造基地;张家港自贸试验区国际棉花交易市场依托全国第三大棉花进口口岸、江浙巨大的纺织市场需求和巨大的棉花集散量;北京石油交易所则利用在北京的石油央企优势,做到资源整合、优势互补。

6. 软硬件支撑体系初步形成,包括人力资源体系、金融市场体系、仓储和物流体系、对外交流合作体系等。我国主要交易市场所在地,都是当地人力资源、金融市场、仓储和物流、对外交流合作条件较好、基础较扎实的地方。青岛国际橡胶交易市场注重凝聚人才,提供权威咨询数据信息;成立橡胶轮胎工程专修学院等,致力于培养对口人才;北京石油交易所拥有金融优势,创新融资产品,市级、区级层面均有配套体系,为会员企业协调进出口配额、外汇结算等政策支持;宁波大宗商品交易所六部门联手打造大宗商品"绿色通道",创新金融服务,引进商业银行,加强物流体系建设;张家港自贸试验区国际棉花交易市场位于国内唯一的内河港型自贸试验区,保税、物流、仓储等功能完善,并成立棉花商会,汇聚棉花产业链上的专业人才。

7. 市场监管逐步规范。2011 年 11 月,《国务院关于清理整顿各类交易场所切实防范金融风险的决定》(下称"38 号文")出台,清理整顿范围覆盖证券交易所、金融产品交易所、文化产品交易所、期货交易所等几乎所有类别的交易场所。2012 年 7 月 20 日,中国政府网再次发布《国务院办公厅关于清理整顿各类交易场所的实施意见》(国办发 2012(37 号文件)),对"38 号文"中的有关概念进行了明确的表述,对整顿措施提出了具体的要求,对各地方政府的政策进行了统一。中国大宗商品交易市场在继续向广度和深度扩展的同时,也在政府主管部门的引导下开始走向规范化的发展,形成检查验收和常态化监管。

8. 中国在大宗商品进口领域掌控力优待提升。中国不仅在石油、有色金属、铁矿石等消费方面全球数一数二,且"中国因素"成为全球大宗商品价格波动的关键因素。总体而言,我国在大宗商品进口领域缺乏主导权。以 2011 年为例,我国绝大多数种类的大宗商品进口价格上涨幅度基本上高于国际市场价格涨幅,而只有个别品种的大宗商品进口价格涨幅低于国际市场价格涨幅。对于进口量增加产品而言,如铁矿石、原油和天然橡胶这三大类主要大宗商品,在我国进口铁矿石、原油和天然橡胶的数量分别增加 10.9％、6％和 12.9％的基础上,2011 年我国的进口价格分别上涨 27％、37.1％和 46.6％,同期对应的国际市场价格分别上涨 14.4％、31.5％和 31.9％,进口价格明显高于国际市场价格,并且进口价格与国际市场价格的落差幅度比进口规模的增长幅度更为明显。对于进口量减少产品而言,2011 年我国进口未锻造铜及铜材数量减少 5.1％,进口未锻造铝及铝材数量减少 4.7％,进口未锻造铜及铜材的平均价格与进口未锻造铝及铝材的平均价格却分别上涨 18％和 18.2％。在此期间,伦敦金属交易所的铜价与铝价分别平均上涨 17％和 10.4％,各自形成了 1 个百分点和 7.8 个百分点的落差。作为最主要的进口国之一,中国的进口规模萎缩不仅没有换来进口价格的下跌,反而进口价格的上涨幅度还要比国际市场上的商品价格上涨幅度高。

2.2 上海具有发展国际大宗商品交易的良好基础,国际大宗商品交易功能建设和环境配套在自贸试验区内有序推进

1. 上海已初步具备大宗商品进口交易市场的基本要素。主要包括:雄厚的产业基础,包括市场基础,人力资源基础,基础设施等;强大的集散能力,包括口岸条件,保税条件,集疏运条件,通关、商检、认证、仓储条件,内外贸易衔接条件,转口条件等;较强的价值提升功能,期货与现货市场相结合,有金融产品和类金融产品,能方便地达成交易、节省成本、增加话语权、提升价值;良好的交易环境,市场化程度高,法制健全,社会安定,知识产权保护比较完备,金融、物流、商贸、专业服务等服务业配套良好,有一定的经济腹地;较高的国际化程度主要包括物流的国际化、资金的国际化、管理的国际化与参与者的国际化;贸易便利程度较高,政府工作效率和透明度较高,贸易开放度较高、贸易便利化较好。

2. 上海大宗商品进口交易市场形成优势。一是上海期货交易所作为全国三大商品交易所的专业化优势。二是进口贸易的坚实基础。三是上海及长三角地

区的产业支撑。相对于新加坡，上海背靠长三角乃至全国巨大的市场和产业，一旦形成价格交易平台，优势更为明显。四是金融市场和总部经济较为发达。上海金融市场发达、期货交易市场和现货交易配套，再加上银行、期交所、仓库之间距离较近，有利于提高市场效率、降低交易成本。国内外金融、贸易、航运及大型生产商总部集聚，有利于市场集聚。五是现货市场的强大支撑。洋山保税港区作为全国首家拥有期货保税交割功能的试点港区，从 2010 年底试点开展以来，从依托保税交割形成物流上的集聚，向大宗商品贸易、期货交易、资金结算一体化发展方向提升。目前，已初步形成大宗商品产业的集聚规模。六是国家及上海层面的政策支持。人民币跨境贸易结算试点、离岸贸易试点、期货保税交割、洋山港航运发展综合试验区各项税收优惠政策等，为上海建立大宗商品进口交易市场提供了相对优越的政策环境；期货公司资产管理业务试点、境外期货经纪业务试点及期货公司 IPO 上市等各类创新政策形成了有力支撑。《商务部关于 2011 年部市合作重点工作的复函》明确把"建设大宗商品交易市场体系"列入部市合作的重点项目之一；《上海建设国际贸易中心"十二五"规划》提出"构建大宗商品交易平台"，使上海成为贯通国际、国内两个市场的贸易运营中心。《关于"十二五"上海加快商品市场体系建设的指导意见》提出"将完善上海大宗商品现货市场空间布局，深化大宗商品现货市场建设"。《上海市推进国际贸易中心建设条例(草案)》也把大宗商品交易列入市场体系建设的重要部分。

3. 洋山港区形成现货市场的集聚优势。以铜为例，全国每年进口铜中有 70% 通过上海口岸。洋山港区每年铜进口几十万亿美元，2011 年成交量超过百万吨、成交额超过 80 万亿美元；区内铜的库存高峰期有 50 万—60 万吨，而期交所对外公布的库存是 20 万吨，伦敦交易所库存量也只有 20 多万吨。

4. 政策制度、配套环境逐渐完善。2013 年，商务部、中国人民银行、中国证券监督管理委员会联合发布了《商品现货市场交易特别规定(试行)》(2014 年 1 月 1 日起施行)。该规定结束了我国大宗商品电子交易行业十年来，仅凭一部国家标准《大宗商品电子交易规范(GB/T18769—2003)》指导行业发展的尴尬局面，进入法律法规约束、规范发展的新时期。2014 年 4 月，上海市政府印发了《中国(上海)自由贸易试验区大宗商品现货市场交易管理暂行规定》，在设定严格规范的同时，接轨国际制度，推动自贸试验区内大宗商品市场建设。首个交易品种将是基于上海洋山深水港保税交割仓库的、期限不超过 1 年的铜远期交易，主要吸引企业与机构投资者参与交易。

3 发展国际大宗商品交易面临的瓶颈

3.1 交易市场发展不完善

一是现货市场发展分散。我国大宗商品现货交易市场资源分散、彼此竞争，缺乏统一协调和整合，很多市场缺乏清晰定位，尚未形成明确特色。如上海已经有几百家大宗商品现货市场，总量较大而所有权分散，整合难度较大。钢材电子交易市场上海就有 5 家，各家彼此竞争，在全国也并未形成影响力。二是交易市场国际化程度较低。一方面，我国大宗商品市场只允许国内投资者入市交易，国外投资者不能直接参与国内市场。另一方面，人民币不能自由兑换，也难以吸引国外众多投资者参与，市场所反映出来的供求信息主要来自直接参与交易的国内投资者。导致在国际市场的价格影响力十分微弱，"话语权"缺失。三是场外交易市场不完善。目前仍缺乏规范的场外商品交易市场，场外市场的创新发展还处于探索阶段，集中度不高。以国内期货市场为基础并起到补充作用的大宗商品现货市场和场外市场发展的严重滞后，不但造成了商品市场本身秩序的混乱，也使期货市场与现货市场脱节，影响期货市场对实体经济价格发现和风险规避功能的发挥。四是进口交易市场发展面临多种约束。一方面，外汇、商检、海关、银行现行管理政策与大宗商品进口交易的需求不匹配，如对大宗商品进口所需的商检报告、外汇审核、海关通关时间较长，增加了进口商的利率、汇率和价格变动风险。另一方面，大多数进口商[除了 31 家获批企业（多数是央企）]不能从事境外套期保值交易，而且对国资的保值增值要求与大宗商品市场价格波动风险不匹配，极大地影响了国有进口企业的积极性。另外，大宗商品有不少属于离岸贸易，或部分境内销售部分返校境外，进口商在用汇、结汇等方面存在政策障碍。

3.2　交易方式管理不完善

一是现代化的市场组织体系和交易方式发展不充分。国际商品市场的发展出现了许多新的动向。首先,交易市场进一步规模化、集约化,少数国际大型商品交易所通过兼并、整合,形成了全球化的商品交易所集团,运行效率不断提升;其次,信息技术不断融入商品流通的各个环节,电子化交易平台大量涌现,让市场不再局限于时间和空间的约束,大幅降低了交易费用和信息成本。而我国商品流通领域一是由于自身发展不够充分,加之机制建设滞后于市场发展,使得现代化的市场组织体系和交易方式始终难以取得跨越式发展,阻碍了市场创新和运行效率的提高。二是商品市场缺乏有效的风险管理手段。由于我国商品衍生品市场发展不充分,实体企业缺乏规避远期价格风险的手段。一方面,期货市场发展不成熟,个性化品种较少,且在实践中实体企业参与套期保值的成本较高,不利于实体企业进入市场;另一方面,商品市场的场外市场尚未破茧,商品衍生品市场除期货产品外,其余产品有限,无法为企业提供个性化的产品设计和风险管理需求,使得实体企业在风险来临时只能被动应对,造成了经济波动较大的局面。

3.3　要素市场环境不完善

一是专业人才缺乏。大宗商品交易市场需要既有理论功底又有实践基础,既懂资本投资又懂商品交易,既了解现货商品交易规则又了解金融投资交易规则,富有创新精神的复合型的高层次人才从事产品市场前景研判、交易工具创新、指数产品研发、市场宣传推介等高端服务。大宗商品交易市场主体企业缺乏这样的高端人才,没有形成国内和海外的商业营销网格体系,不能从源头上控制大宗商品的供应,大宗商品交易市场价格中心功能发挥不出来。二是诚信体系建设滞后。导致国内交易市场的价格指数难被国际公认;同类生产厂家互不信任,在全球价格谈判中处于劣势;中国的进口平台难以形成国际影响力。三是无法获得国际交易信息。我国尚无一家企业成为伦敦交易所、纽约交易所的一级代理,国内企业必须通过国外一级代理商在伦敦、纽约交易所进行交易,导致交易信息完全掌握在国外代理商手中。

3.4 市场监管机制不完善

一是缺乏明确的市场管理主体。大宗商品交易市场缺乏明确的市场管理主体，使得对于操纵市场和现货经纪公司欺诈客户等行为缺乏完善的监管。大宗商品电子交易市场缺乏统一的监管主体，政出多门。因此，多数情况下交易所本身具有较大的特权，随意性较大，没有能对市场行为实施有效监管的第三方。另外，还包括风险管理机制缺失。二是缺乏统一的大宗商品交易市场清算体系。大宗商品交易市场中，大量资金和交割业务都是通过电子平台进行结算处理，在客户资金监管方面，市场第三方监管制度并不严格规范，客户资金在交易结算和清算环节，由各个市场自行处理并直接和银行对接，缺乏统一规范的核算平台作为"防火墙"，导致市场依然可以操纵资金，很容易发生被市场主办方侵占、挪用甚至卷款潜逃的风险。

4 "十三五"期间上海大宗商品交易市场及定价功能进一步突破发展的政策建议

4.1 结合产业发展趋势，准确定位大宗商品种类

一是做深上海期交所的交易品种，为其提供现货支撑，并形成良性互动；二是依托长三角及全国制造业优势，突出有色金属、能源、化工类产品的交易特色；三是坚持扬长避短，在矿石类大宗商品进口方面，以电子商务为主要手段，促进交易中心和物流中心相分离；四是做好前瞻性研究，积极培育废钢、稀土等未来发展潜力较大的市场领域。

4.2 推进期货与现货市场互动发展，积极争取国际定价权

期货市场可依托上海期货交易所已有机制，进一步丰富品种，优化政府政策体系。现货市场由上海自贸区管委会牵头，部分在大宗商品进口方面有较大市场份额企业、市场和投资公司等参与，成立一个大宗商品进口交易市场，借鉴Global-Ore等运作方式，按照公司制方式运营。整合多方资源建立网上网下结合

的公共平台,委托上海期交所进行专业化管理,并确定所有者、经营者的权利义务,建立利益共享机制。

4.3 与金融中心建设联动,推动相应的金融服务配套和创新

一是在境外贸易融资方面,认定区内企业的境外属性,允许实施境外融资,允许境内外银行同时对大宗商品贸易实体提供服务:对自贸试验区内的大宗商品贸易实体在外汇资金结算、境外期货买卖、企业避险需求下的理财服务等方面提供便利。允许大宗商品利用专用账户进行跨境外汇资金集中管理,并给予配套的外债和境外放款额度管理的便利。二是在跨境资金集中管理方面,为大宗商品龙头企业集中管理资金松绑。区内放开企业跨境调动资金的外汇管理限制,授予区内企业外债额度和境外放款的额度,借助目前的资金池集中管理模式,实现区内跨国公司的境内外成员资金集中管理。三是鼓励银行、期货公司等金融机构与区内跨国大宗商品企业合作,加大离岸金融产品的创新力度。大宗商品金融服务的环节复杂,专业性强,其全球属性也要求银行、期货公司能有跨境运作的能力,加大相关离岸金融产品的创新力度,更好地支持大宗商品企业的发展。

4.4 建立上海大宗商品价格指数

为增强上海争夺大宗商品定价权的竞争力,设立一个独立的指数公司进行指数的编制与协调管理,由政府协调交易数据的知识产权合作,形成中国统一商品指数。借鉴国际惯例,上海大宗商品指数编制主体以专业化的商品指数公司或者资金雄厚的投资银行为主,应以国内期货交易标的为对象。(建议借鉴德意志银行流动性商品指数,并以期货交易所交易品种中流通性较好的品种作为商品指数的标的。)

4.5 扩大期货市场的对外开放

一方面,鼓励中国期货市场"走出去",如允许交易所、期货公司在泰国、马来西亚、新加坡、日本东京等地设立分支机构,或者与国外交易所、期货公司进行合作甚至对外兼并,允许更多的国内企业稳健参与国际期货市场;另一方面,允许境

外期货公司通过与中国本土期货公司合作、合资,同时加强对外宣传以吸引更多的国外企业进入国内期货市场,参与我国大宗商品期货价格的形成,有利于提高我国期货市场及"中国价格"的国际影响力,有利于争夺大宗商品的国际定价权,同时在人民币汇率形成机制和外汇管制等方面进行相应配套改革。

4.6　优化商务发展环境

优化商务发展环境包括以下几个方面:加强行业自律,促进规范发展;加强专业人才,尤其是高素质的研发人才和交易人才的引进和培养;大力推进诚信体系建设;强化大宗商品价格形成及信息披露机制;保持实货交易与虚拟交易的一定比例;加快物流、金融、保险、专业服务业等现代服务业发展;创新思维,积极探索体制机制创新。

漕河泾开发区打造科技创新商务区构想初探

杨　波

1　科技创新商务区提出的理论与背景分析

1.1　中心城区的创新优势

在创新全球化背景下,纽约、伦敦等国际大都市重塑创新功能,把中心城区打造成为创新功能的重要承载空间。中心城区的创新发展有别于"硅谷"模式,其动力主要源自高端综合服务优势,更加关注科技创新与产业经济发展、技术创新与商业模式创新渗透融合的重要环节。具体体现为四方面优势:(1)金融及专业服务集聚优势。国际大都市中心城区集聚了大量的金融机构(包括风险投资机构),有利于形成完善的科技创新金融支持体系,为激励创新、加速创新、促进创新成果产业化、商业化提供了必要支撑。同时,国际大都市中心城区科技咨询、信息资讯、技术转移、认证检测、知识产权等专业服务机构众多,为创新生态系统的形成提供了必要支撑。(2)新技术应用的市场优势。国际大都市中心城区在消费型市场领域有着巨大的创新应用能力,从而形成商业模式创新及服务业新业态、新模式等方面的示范引领能力。(3)人才及科研机构集聚优势。国际大都市中心城区集聚了大批多样化高层次创新人才以及高校、科研院所等机构,为技术创新、创意创新、创业创新提供了一定的基础条件。(4)信息咨讯网络优势。国际大都市中心城区集聚大量传媒机构、展会场所及各类信息交流平台、知识共享平台,是知识创新、技术创新的信息汇集交互中心。

1.2 "创新城区"的兴起

国际大都市中心城区创新功能的兴起,推动了新的创新空间出现,涌现出诸如"创新城区""知识城区"等新概念。2014 年 5 月,美国布鲁金斯学会发布《创新城区的崛起:美国创新地理的新趋势》研究报告,提出"创新城区"是集聚高端研发机构、企业孵化器及促进机构、企业集群和创业企业的城市空间,具备物理空间的紧凑性、交通的通达性、技术的网络性,以及居住、办公与零售功能的混合性等典型特征。纽约"硅巷"、亚特兰大中心区、波士顿南岸区域、旧金山 Mission 海湾等都是"创新城区"的典型代表。

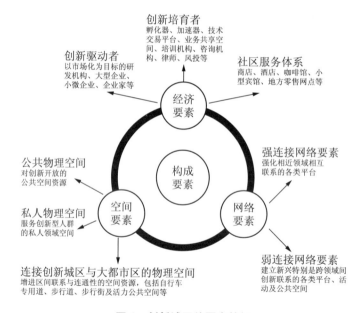

图 1　创新城区的要素特征

1.3 高科技园区的转型

高科技园区进入产业与社会功能融合发展的新阶段,科技、经济与社会人文融合发展,使得激发活力的创新环境、便利的商业环境、充满机遇的投资环境、宜居的生活环境成为科技园区的重要特征。

（1）发展动力的转型升级。表现为从要素驱动型转向创新驱动型,从移植型经济向内生型经济转型。在要素集聚上,由单纯吸引产业资本向集聚各类创新要素(知识、技术、人才、信息等)转变,技术创新成为驱动园区发展的内生动力;在产业发展上,发展导向由产业链转向价值链、产业集群转向创新集群;在招商引资上,从"盆景堆砌"式招商引资向"育苗造林"式深度发展模式转变,注重产业生态体系的构建。（2）功能形态的转型升级。表现为从生产型工业园区向综合型城市新区转变,更加注重"产城融合"发展。在功能构成上,知识经济时代工作和生活之间的时空界线越来越模糊,传统园区逐渐向集办公、居住、休闲、教育设施等于一体的复合功能区域转变,能够满足工作、生活、娱乐、学习的时空复合需求;在建设形态上,由以厂房为主的工业园区向以现代楼宇、公共空间、交流空间、绿化生态等多元空间有机融合的产业社区转变;在环境营造上,更加注重绿化景观、生态载体、人文设施以及社区建设。（3）园区管理的转型升级。表现为从"政策优惠"向"服务制胜"转变。在管理服务上,随着时代的变迁和经济的发展,企业对园区的需求越来越具体化、多元化,园区服务由普适性向个性化转变,更加强调贴近企业法需求,更加突出便捷高效导向,更加注重管理服务资源的整合、各类共享平台的搭建、"一口受理"和"一门式"服务的提供以及全球资源网络拓展的协助等。在体制机制上,从"孤岛"型体制向联合治理型体制转变,注重政府、企业、社区及各

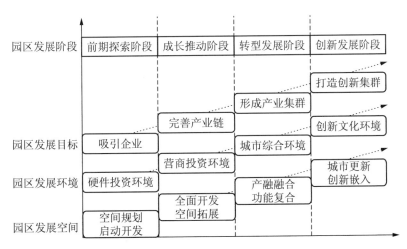

图2 高科技园区发展阶段的演进

类社会组织之间的合理分工协作,形成和谐共赢。在政策支持上,从注重资金、土地等要素投入向注重各类公共服务平台、功能性平台建设转变。

2 开发打造科技商务区的战略构想

2.1 科技商务区的内涵特征

科技创新商务区是创新经济、服务经济、集聚经济、网络经济高度融合而成的一种新型创新空间,是技术创新、模式创新、制度创新有机联动的新型功能载体,具有开放高效、富有活力、创新性强等特征,在全球创新网络中占据重要位置,是国际大都市科技创新发展的重要引擎。

科技创新商务区的内涵特征:(1)创新性。科技创新商务区的创新功能主要体现为科技创新与产业创新的深度融合,聚焦创新链与产业链协同的结合点、互联网经济下的轻资产技术创新,注重以科技成果转化促进创业集聚发展。(2)融合性。科技创新商务区是创新功能与商务功能、服务经济与创新经济深度融合的新型功能区域。科技创新商务区的商务功能更加强调创新需求导向,围绕着技术创新孵化、创新成果体验展示、创新产业化商业化等形成渗入创新元素的商务活动集群;科技创新商务区的发展动力来自服务经济与创新经济的融合,集聚促进技术创新的科技服务业机构,集聚基于技术创新的服务新业态新模式,集聚创新型人才所需的生活服务业。(3)生态性。科技创新商务区是一个多要素联动的循环生态体系,是涵盖科技、观念、文化、金融、商业模式等多领域、多层次、多要素的联动创新体系,对内形成生态链,对外形成巨大的资源集聚效应和开放创新态势,以创新载体吸引各种创新资源聚集,以更有竞争力的政策措施打造良好的创新环境。(4)开放性。科技创新商务区是充分整合与利用中心城区各种资源互联互通优势,以低机会成本"抵充"高商务成本,围绕着创新型企业、创新型人才、创新性活动集聚所形成的一种开放创新空间。

2.2 漕河泾开发区打造科技商务区的基础条件

作为嵌入中心城区的高科技园区,漕河泾开发区已经形成产业的规模效应和园区形态的整体效应,有能力、有空间吸纳科技创新活动的深入开展。漕河泾开发区已经实现了由生产制造向服务经济的转型升级,并在这一转型过程中始终保持着科技创新特色和基因;长期以来积累的开发管理和服务经验,使开发区易于成为政府推动科技创新活动的承载平台。漕河泾开发区的区位在上海处于"机会成本"与"商务成本"的较优结合点上,因此,漕河泾开发区有条件、有基础在全市率先打造科技创新商务区,成为上海建设具有全球影响力科技创新中心的重要载体,为全市中心城区创新功能形成提供试验样本和可复制和推广的经验。

2.3 漕河泾开发区打造科技商务区的功能定位

顺应世界新技术革命和新产业革命发展新趋势,以及上海融入全球创新网络、提升科技创新国际竞争力新要求,依托创新资源集聚和创新企业集群基础优势,按照"功能集成、产业聚焦、要素完备、开放联动"的发展思路,将漕河泾开发区打造成为科技创新与产业创新深度融合、创新功能与商务功能有机联动、创新空间与创新服务配套完善的现代科技商务区。

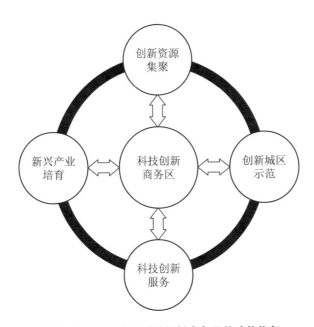

图3 漕河泾开发区科技创新商务区的功能构架

创新资源集聚功能。以提升全球创新主体及资源要素集聚交汇功能为导向,形成跨国公司全球创新中心、企业研发总部、创新"引擎"企业、科技型初创企业、新型孵化机构、创新成果转化平台、专业服务机构以及创新资本、创新人才、创新团队等集聚态势,成为上海国际大都市创新创业资源要素的重要集聚地。

新兴产业引领功能。以产业链、技术链与创新链有机融合为导向,形成以信息产业和科技服务业为主导、具有较强竞争力的创新型产业集群,形成以总部经济、平台经济、"互联网＋"经济为特色的创新型经济业态集聚。信息产业集群竞争力进一步提升,形成健全的互联网技术产业生态体系。科技服务业集聚度进一步提高,形成现代服务与科技、产业、金融深度融合的良好格局。

科技创新服务功能。以形成适宜创新企业发展、创业人才工作生活的综合发展环境为导向,创新和完善区域创新服务体系,实现服务型政府部门、公益性服务平台和科技服务机构有机互动,形成完备便捷的配套服务设施、智慧高效的管理服务环境、开放包容的创新创业氛围以及具有一定影响力的创新文化品牌,为创新活动集聚、科创企业发展、创业者成长提供一流的营商环境。

创新城区示范功能。以创新功能与城市功能的空间融合为导向,推进城市更新,构建多样化的嵌入式创新空间载体,营造具有活力的公共交流空间,实现重点区域的空间品质提升与多元功能复合,建立起与周边区域的协同发展机制,形成适宜创新主体集聚和创新活动开展的高品质城区空间。

3　漕河泾开发区打造科技商务区的主要举措

漕河泾开发区有条件有基础在全市率先打造科技创新商务区,成为上海建设具有全球影响力科技创新中心的重要载体,为全市中心城区创新功能形成提供试验样本和可复制和推广的经验。立足上海建设具有全球影响力科技创新中心的功能制度创新需求,结合漕河泾开发区实际,提出 6 方面 16 条建议如下:

一是创新人才方面,依托漕河泾开发区国家级海外高层次人才创新创业基地建设,在创新创业人才集聚、流动、发展等方面先行探索。主要有三条建议:(1)加强创新团队整体引进,制定高端人才团队引进计划以及建立相应引进基金,相关补贴和待遇由聚焦个人向聚焦团队转变,争取形成若干个性化、专业化的科技创新团队。(2)在绿卡审批、技术移民和国际化人才个人用品税收、海关通关、返程投资、外汇结汇等方面先行突破。(3)打造创新资源、政策资源、服务资源有机整合的综合性人才服务中心,提供创新人才政策"一站式"服务,并引入银行、VC、PE、知名"猎头"公司和职业资格认证机构等各类专业机构,为人才创业发展提供专业服务支持。

二是在创新孵化方面,充分发挥市场机制作用,围绕企业"种子期—初创期—高成长期"需求,在新型创业组织培育、众创空间打造等方面先行探索。主要有三条建议:(1)针对龙头型、旗舰型企业主导建立的创新创业基地(如腾讯创业基地、强生全球创新中心等),制定专门的服务计划。(2)通过提供注册便利、低成本办公场所、政务一门式服务、公共设备设施服务等,打造创新工场、车库咖啡、创客空间等"众创空间"和新型孵化基地。(3)充分依托市场化运作机制,发挥政府、企业、风投、专业机构等合力作用,探索"创业投资+培训辅导+媒体延伸+专业服务+营销拓展"的全方位孵化新模式。

三是在知识产权方面,依托漕河泾开发区国家级知识产权服务业集聚发展试验区建设,在知识产权保护、交易、服务等方面先行探索。主要有两条建议:(1)加强知识产权政策与产业、科技等政策衔接,引导知识产权代理服务、知识产权信息服务、知识产权商用化服务、知识产权法律服务、知识产权评估咨询等机构集聚。(2)探索推进知识产权交易平台建设,开展知识产权保险、知识产权证券化等新兴业务试点。

四是在科技金融方面,依托漕河泾开发区科技金融示范区建设,在创新型中小企业融资服务、科技成果转化金融服务等方面先行探索。主要有三条建议:(1)率先探索对天使投资、风险投资实行所得税抵免的特殊税制安排,对其个人和企业收入中资本利得部分实行低税率安排。(2)率先探索建立知识产权质押融资市场化风险补偿机制,争取专利保险试点。(3)完善科技企业信贷服务体系、科技企业上市服务体系、科技金融信息信用服务体系。

五是在研发中心方面,依托国内外研发中心及科研院所集聚的基础优势,在降低研发成本、释放带动效应、链接全球网络等方面先行探索。主要有三条建议:

(1)对接上海自贸试验区,探索实行企业进口研发机器、设备、原材料等货物保税研发。(2)鼓励区内研发中心、科研院所等建立开放式的技术创新联盟。(3)探索研发总部、研发外包、离岸研发等方面的针对性支持政策,促进研发要素通关及跨境流动便利化。

六是在创新空间方面,打造适合于创新创业发展高品质的创新空间、创新载体和配套环境。主要有两条建议:(1)结合存量空间调整和城市更新,打造集创新企业交流中心、创新成果体验展厅、创新孵化器、知识沙龙、产业促进平台、创业咖啡、创客工坊、创投广场等功能于一体的创新创业标志性区域。(2)支持和鼓励商务楼宇改造,嵌入合作办公、车库咖啡、知识沙龙等各种形式的创新功能空间,推动探索混合功能用地。

参考文献

［1］苏宁、屠启宇:《打造"创新城区",推动城市创新》,《科学发展研究》2015 年第 5 期。
［2］杜德斌、杨凡:《纽约城市创新网络的架构及启示》,《科学发展研究》2015 年第 18 期。
［3］袁晓辉、刘合林:《英国科学城战略及其发展启示》,《国际城市规划》2013 年第 5 期。
［4］薛晓峰:《以"双提升"战略打造知识经济高地——广州开发区转变经济发展方式的实践与探索》,《城市观察》2013 年第 1 期。

专题二

经济结构升级与全面深化改革

关于"十三五"时期上海经济增长问题

汪曾涛

　　浦东开发开放 20 多年以来,上海经济发展取得巨大成就。全市生产总值从 1992 年的 1 114.32 亿元提高到 2014 年的 23 650.94 亿元,年均增长 11.4％,经济总量扩大超过 10 倍;2014 年,上海人均生产总值达到 9.73 亿元,是 1992 年的 12 倍。纵观这 20 多年来的宏观经济增长,上海经济运行在总体平稳中于"十二五"中后期出现增速区间下移的趋势,这其中固然有全球金融危机的影响,但根本原因还是在于传统增长动力模式的难以为继。可以说,上海经济已先于全国进入新常态,经济发展面临的外部环境和内在动力已经发生了(并将进一步发生)重大改变。如何认识新常态下上海经济增长的问题,摆脱传统思维,不唯GDP,关键是明确"以怎样的增长模式实现多高的经济增长"。而对于政府而言,就是如何有效配置公共资源以及通过公共政策引导社会资源有效配置,以实现既有一定数量(GDP 增速)更有较高质量(产业发展模式、土地空间模式、能源环境模式)的经济增长。这是公共政策制定和规划编制需要把握的重要基点。

1 "十三五"时期上海经济增长面临多目标权衡下的艰难取舍

　　新常态下上海"十三五"时期经济增长问题的本质是探寻一种经济增长数量和质量之间的权衡取舍。一方面,需要保持一定的数量。十八大全国提出了双倍增的要求(要实现生产总值倍增,2015—2020 年,全市生产总值年均增速需要达到 6.9％),但"十三五"时期上海整体处于结构转型、增速换挡的时期,面临较大的下行压力,特别是近期由于工业的继续深度调整,经济下行压力更为明显。另一方面,更要有较高的质量。"十三五"时期,由于上海经济增长面临多重约束(如土地、能源、劳动力等),传统模式难以为继,必须调整,但又可能牺牲当期经济增长速度(结构调整、空间优化、资源集约、环境保护等都将对经济增速产生一定影响)。因此,对于保持"十三五"时期的经济健康持续增长,就是要综合考虑多元目标的组合平衡,通过公共资源的配置和公共政策的引导,在经济增长的数量和质量、当前和未来之间做出导向性的取舍。

2 "十三五"时期上海经济增长需要高度关注四方面问题

2.1 经济增长动力不足的问题

受外部环境影响和内在转型需求的综合作用,2016—2020 年上海经济增长动力机制转换承上启下的阶段性特征明显。投资、工业、房地产等传统增长动力,将继续延续"十二五"后期的弱化趋势;新型消费、创新经济等新兴增长动力尚未定型,仍处于关键的能量积累和培育成长期;消费和服务业将成为稳定的动力支撑,自贸试验区、迪士尼、国家会展中心等旗舰型功能性大项目的增长带动效应可望释放。具体而言,动力机制的演变可以分为四类:第一类是可能弱化的动力因子。即曾经发挥强大支撑作用、未来动力效应将趋于下降的动力因子,如投资、工业、房地产等。这类动力因子构成新常态下上海经济增长潜力下移的重要影响因素。第二类是可能强化的动力因子。即动力效应不断强化,且未来仍有进一步增强潜力的动力因子,如服务业、消费等。这类动力因子构成新常态下上海经济稳定持续增长的主力支撑。第三类是可能转化的动力因子。即曾经形成经济增长的重要支撑、未来其内部结构或作用方式将发生变化的动力因子,如贸易(传统货物贸易占比下降,服务贸易、离岸贸易成为重要支撑)、装备制造及消费工业(传统装备和一般消费工业占比下降,智能制造、高端制造、新兴消费品制造将增强)等。这类动力因子是新常态下上海经济增长的重要不确定因素。第四类是可能新增的动力因子。即之前动力效应不显著、未来或将取得突破并成为重要支撑的动力因子,如战略性新兴产业、新兴产业领域(互联网＋)、新消费等。这类动力因子是上海经济保持中长期可持续增长的重要潜在动力,这些新的动力能否形成,将在很大程度上决定上海新常态下动力机制转换的成功与否。

2.2 资源要素承载约束的问题

"十三五"时期,上海经济增长的传统资源承载模式面临严峻挑战,土地、能源、劳动力等资源要素供给模式的转型,必须要靠产业发展模式的转型(结构调整和产业升级)才能实现,从而形成经济增长的硬约束,7.5%的潜力区间上限将被下压至7%以下。

2.2.1 土地约束

根据建设用地减量化的要求,2020年建设用地控制在3 185平方公里以内,仅有的115平方公里增量将主要保障重大市政民生项目,经济增长只能依靠土地产出率的提高来实现。按照2009—2013年平均6.2%的土地产出率增长速度计算,"十三五"时期年均经济增速仅可达6.7%。具体而言,如果经济增长要达到7.5%的水平,则建设用地的土地产出水平要从现在的7.0亿元/平方公里达到11.1亿元/平方公里,土地产出率的年均增长率要达到6.79%(超出近几年平均水平6.2%较多);如果经济增长达到6.1%,则土地产出效率年均增速要达到5.81%,未达到历史水平,基本可以实现;如果经济增长达到7%,则土地产出率年均增速必须保持6.44%,也超出了6.2%的历史水平,有一定难度。从上海的土地利用效率现状来看,尽管与国际大都市平均水平相差还是比较悬殊,甚至与国内主要城市相比也不占据优势,但实际上土地产出效率的提高面临着很大的难度,特别是存量用地的调整面临着企业搬迁、人员安置等问题,并且不会一蹴而就,存量土地的释放将是一个缓慢的过程,在"十三五"期间释放的空间可能还比较有限。因此,综合判断,从土地约束的角度,7%可能将成为上海"十三五"时期经济增长的上限。

2.2.2 能源约束

按照国家能源消耗和碳排放的总量强度双控制度,2020年上海能源消费总量控制在1.3亿吨标准煤以内,按照"十二五"期间24%的单位生产总值能耗下降水平计算,"十三五"时期年均经济增速仅可达7.0%。具体而言,如果经济增长要达到 7.5％的水平,则单位生产总值能耗要比 2015 年下降 25.8％(超出"十二五"时期 24％的水平,相当于比 2005 年下降 54.8％),实现这一目标难度较大(单位能耗下降速度逐渐趋缓,除非工业内部高能耗产业大量调整,单位能耗下降的幅度不会太大);而如果按照"十二五"时期 24％的单位生产总值能耗下降水平,则经济增长速度为 7％,GDP 总量为 3.95 万亿元,这是有一定难度但通过努力可以实现的目标。因此,综合判断,从能源约束的角度,7％可能是上海"十三五"时期经济增长的上限。

2.2.3 人口约束

"十三五"时期,上海将严控人口规模,如果要实现经济的平稳增长,就必须提高劳动生产率。假设上海 2014 年从业人员规模保持不变[①],按照 2008—2013 年 6.7％的劳动生产率增长水平计算,"十三五"时期年均经济增速仅可达 6.6％。工业经济进入服务经济阶段后,受服务业劳动生产率提升较慢影响,全社会劳动生产率提升速度将呈现趋缓态势。(2008—2013 年全社会劳动生产率年均增长 6.7％,其中,服务业劳动力产生率要比制造业劳动生产率低 20％。)

2.3 风险和不确定性影响的问题

上海未来发展还将面临国际国内一系列风险和不确定性,这些风险事项一旦发生,上海经济增长可能会进入低于 6％的极端情景。一是全球经济的风险。在我国全面融入全球化之后,全球经济、金融风险等外部环境的不确定性,将更容易传导至国内。上海需要建立有效的风险防控机制和应对机制。特别是很多国家内部政治纷争、极端主义、恐怖主义、纯粹的民族主义等,有可能演化为国际矛盾,从而引起全球政治矛盾和经济风险。二是我国经济的潜在风险。我国已经进入人口红利弱化和资源承载趋紧的重要转折期,我国能否成功转变经济发展方式、跨越中等收入陷阱,以及"一带一路"、全面深化改革等政策效应是否能够成功释

---

① 1978—2012 年上海从业人员年均增长率为 1.4％;按常住人口 2 480 万目标,2015—2020 年年均增长仅 0.3％,考虑到人口老龄化现象,从业人员增速将大幅回落,测算假设从业人员规模保持不变。

放等方面都面临挑战(楼继伟认为由于中国太快进入老龄化社会,未来 5—10 年有 50%的可能跌入中等收入陷阱,经济增速在 5%以下。任泽平考察 101 个追赶经济体,以及考虑中国房地产市场的风险,认为中国经济增长将要减缓 50%,即 5%以下)。三是上海经济的潜在风险。金融市场硬着陆、房地产泡沫显现等问题导致信贷体系连锁违约等。根据上海经济增长与中国经济增长及全球经济增长的相关性分析,上海经济增长与全国经济增长较为密切(1978—2014 年上海经济增长与全国的相关系数为 0.77,与全球的相关系数为 0.32),且近年来,上海经济增长与全国增长差别不大,因此如果全国跌为 5%以下,上海经济增长有较大可能低于 6%(本报告假设的最差情景 5.5%)。

表 1　上海经济增长与中国及全球经济增长的相关性

年　份	平均经济增速（%）			相关系数	
	全球	中国	上海	全球与上海	中国与上海
1978—1991	3.36	9.21	8.00	0.37	0.80
1992—1997	3.24	11.90	14.10	−0.92	0.93
1998—2002	2.72	6.83	8.84	0.40	0.92
2003—2007	4.25	9.61	10.85	0.63	0.46
2008—2013	3.22	8.98	8.60	0.39	0.89
合　计	3.55	9.82	10.18	0.32	0.77

2.4　转型期经济发展规律问题

上海在改革开放之后持续 30 多年高速增长之后,2009 年人均 GDP 超过 1 万美元,经济增长进入换档时期,这一趋势性变化符合上海经济转型发展的阶段性特征,也符合世界经济发展的普遍规律。从经济增长的国际经验看,经济转型一般伴随增速放缓,转型成功后增速将转入相对稳定增长阶段。人均 GDP 达到 1 万美元后,经济高速增长将逐步结束,经济增长平台普遍出现趋势性下移。特别是新兴经济体增速回落特征更加明显,比如中国香港从 8.3%回落至 4.6%,中国台湾从 8.1%回落至 5%,韩国从 8.7%回落至 4.4%。经济转型一般出现在人均 GDP 达到 5 000—10 000 美元期间(美国和日本在人均 GDP 达到 5 000 美元时出现;韩国、法国、新加坡、中国香港在人均 GDP 达到 1 万美元时出现),转型前后增速放缓幅度一般超过 30%(美国和新加坡放缓幅度超过 30%;韩国超过 40%,法国、中国香港和日本超过 50%)。上海 1999—2008 年经济平均增速为 11.86%,如按转型成功之后下降 30% 计算,转型后增速为 8.3%。

表2　人均 GDP 达到 1 万美元前后经济增速变化趋势

	人均 GDP 达到 1 万美元的年份	前 10 年 GDP 年均增速 (%)	后 10 年 GDP 年均增速 (%)
美　　国	1978	3.2	3.1
德　　国	1979	2.7	2.0
法　　国	1979	4.4	2.2
日　　本	1981	5.2	3.7
新 加 坡	1988	7.7	7.2
中国香港	1988	8.3	4.6
中国台湾	1992	8.1	5.0
韩　　国	1995	8.7	4.4

表3　主要发达经济体转型期经济增速变化趋势

		转型阶段前	转型阶段	转型阶段后
美　　国	年份	1961—1966	1966—1970(5 年)	1971—1998
	增速	4.9%	5.5%降至 3%	3.1%
日　　本	年份	1961—1968	1968—1975(8 年)	1976—1988
	增速	10%	10.1%降至 3.5%	4.3%
韩　　国	年份	1961—1988	1988—1998(11 年)	1999—2011
	增速	8%	9.7%降至 4%	4.3%
中国香港	年份	1961—1987	1988—1998(11 年)	1999—2011 年
	增速	9.2%	8%降至 1.6%	4.1%
新 加 坡	年份	1961—1989	1990—2001(11 年)	2001—2011 年
	增速	8.9%	9.2%降到 4.1%	6.2
法　　国	年份	1961—1971	1971—1983(14 年)	1984—2000
	增速	5.6%	5.5%降至 1.6%	2.2%

3 "十三五"时期保持上海经济健康可持续增长的相关建议

综上,通过动力分析,"十三五"时期上海经济增长的潜力为 6.1%—7.5%;通过土地、能源的承载约束分析,"十三五"时期上海经济增长的潜力上限将不能达到 7.5%,而是下移至 7% 以下。本报告重点分析了经济增长需要重点关注的"三条线",并在此基础上,从经济增长模式创新转型的角度对新常态上海经济发展提出相关建议。

3.1　关注经济增长的"三条线"

2016—2020 年上海经济增长的合意区间为 6.1%—7.0%,围绕合意增长区间,我们认为有"三条线"值得关注,分别是潜力线、调控线和底线。

潜力线指不考虑土地能源约束情况下,仅从动力支撑的角度,各类动力全部充分释放,各种资源得到最优和充分配置条件下,所能达到的最大经济增长率。上海经济增长的潜力线为 7.5%。

调控线(合意区间)指上海经济增长正常运行的区间。通过相关测算,如考虑土地能源承载、突破传统动力依赖,上海经济增长的合意区间为 6.1%—7.0%。当经济增长处于调控下线(或合意区间下线,6.1%)时,上海潜在动力激发有限,为了转型将放弃较多的经济增长,此状态经济增速较低,就业、财政压力相对较大,而土地、能源压力相对较小。当经济增长处于调控上线(或合意区间上线,7.0%)时,上海潜在动力释放较为充分,但土地、能源约束相对趋紧。同时,在合意区间中,我们认为有一种比较适宜的增长率,即合意增长率(6.5%),它既不至于面临较大的就业、收入、财政压力,又能为转型释放一定的腾挪空间,也不至于将土地、能源约束撑得太紧。

底线指就业、居民收入和财政支出可以容忍的最低经济增长率。一旦经济增长突破底线,就会出现失业率暴增、居民收入下降、财政支出难以为继等情况,并会影响社会稳定,进而会形成进一步经济下行压力,政府此时必须采取有力措施防止经济增长进一步下滑(而如果没有突破底线,就要抓紧调结构、促改革)。考虑就业、收入、财政等底线约束,上海经济增长的底线为 5.5%。

表 4　上海市 2016—2020 年经济增长情景分析

	项　　目	底线	合意下线	合意增长	合意上线	潜力线
需求侧假设	投资效果系数	0.05	0.08	0.1	0.13	0.155
	支出名义增长	0.06	6.6%	7.0%	7.1%	7.6%
	消费效果系数	7.83	7.83	7.83	7.83	7.83

(续表)

项 目		底线	合意下线	合意增长	合意上线	潜力线
供给 侧假设	工业总产值增速	1.6%	2.0%	2.2%	2.4%	2.5%
	2020 年工业增加值率	0.220	0.230	0.240	0.245	0.25
	服务业增加值增速	7.3%	7.6%	7.7%	8.1%	8.5%
主要 结论	**GDP 增速**	**5.5%**	**6.1%**	**6.5%**	**7.0%**	**7.5%**
	2020 年 GDP(亿元)	36 943	37 960	38 639	39 583	40 434
	2020 年人均 GDP(万元/人)	2.48	2.55	2.60	2.66	2.72
	资本形成总额(亿元)	10 965	11 865	12 465	13 365	14 115
	最终消费总额(亿元)	24 870	24 956	25 015	25 030	25 106
	投资率	29.68%	31.26%	32.26%	33.77%	34.91%
	消费率	67.32%	65.74%	64.74%	63.23%	62.09%
	工业增加值(亿元)	9 553	10 221	10 789	11 141	11 434
	服务业增加值(亿元)	26 229	26 591	26 713	27 204	27 701
	工业占比	25.90%	26.93%	27.91%	28.18%	28.3%
	服务业占比	71.10%	70.07%	69.09%	68.82%	68.7%
	建设用地产出率(亿元/km²)	11.58	11.92	12.14	12.41	12.67
	工业土地产出率(亿元/km²)	86.84	88.88	89.91	90.95	91.47
	建设用地土地产出率年均增速	5.38%	5.82%	6.10%	6.45%	6.76%
	单位 GDP 能耗比 2015 年下降	−18.58%	−20.90%	−22.38%	−24.12%	−25.68%

资料来源:课题组测算。

3.2 保持上海经济健康可持续增长的相关建议

综合上述分析,课题组认为,新常态下上海经济增长就是一种数量与质量之间的组合,结构调整、空间优化、功能疏解、前瞻布局等都可能牺牲当期的经济增长速度,而实现未来更长远的发展质量。从这个意义上来说,上海经济发展的认识,必须充分理解和把握上海所处的历史方位和阶段特征。新常态下的经济发展,可能不是多元目标的全面实现,而是充分体现"有舍才有得",这不仅需要在设定经济增长预期目标时有战略眼光和弹性思维,更重要的是实现规划思维的全面转变。以下五个问题建议在规划中高度关注。

3.2.1 提高居民收入,促进就业稳定

这是政府公共资源配置的重心,应该予以高度关注。可以从两个方面着手:一方面,增加收入的核心还是在于就业,必须高度关注弱势群体的就业问题,不仅要帮助他们就业,还要尽可能提高就业质量。除了做好就业扶持,还可以鼓励适

当的创业。比如,残疾人的"网上创业"等。另一方面,强化政府的"兜底保障",提高就业困难群体的转移性收入水平和社会保障水平,同时考虑多渠道增加他们的个性化的"变相收入",比如,为残疾人提供的各种福利(免费辅具、免费体检、家庭无障碍改造费用补贴等),实际上变相增加了他们的收入。

3.2.2 促进投资转型,提高投资效率

投资对于上海的经济发展仍然至关重要,不仅是因为投资动力弱化构成经济增速的下移,投资还必须要保持一定的规模;更为重要的是,必须通过投资结构的率先转型引领经济结构的根本转型,也就是说,靠哪些投资来保持一定的投资规模是必须把握的(产能过剩领域的投资只能带来新的产能过剩)。这既与政府合理配置公共资源有关,也与政府通过公共政策引导社会资源配置有关。可以从两方面入手:一方面,政府投资(体现了政府对公共资源的配置)重点是三大块:一是民生保障领域的投资,比如上文提到的居民收入"底部抬升"的相关投入,旧区改造、住房保障等投入,也包括环保领域的投入等。二是基础设施领域的投资。上海大规模城市建设基本完成,城市基础设施从"建设"转向"改造升级",其间仍有巨大的投资空间,比如市政管线设施的升级改造,既存在投资增长空间,又是确保城市安全、提高居民生活质量的重要举措;又如信息基础设施的升级,对于上海国际大都市功能提升至关重要。三是科技创新领域的投资,这里面又分几种类型,一种是重大前瞻布局型的投资、基础性研发等,还是需要政府保障的;另一种是引导型的投资,政府的投资"四两拨千斤",主要是引导市场,如部分初创期的投入等;还有一种是环境营造型的投资,如部分公共技术平台等。总之是"市场失灵"的领域,政府一定要以适当的方式介入,保障创新生态系统的形成和良性运转,这应该是上海加快建设全球科创中心的重要内容。另一方面,政府还要通过适当的公共政策引导社会的投资,主要是两大块:一是通过PPP的制度设计,引导社会资本投入公共产品和公共服务领域;二是通过宏观政策设计,引导社会资本更多地投向能够形成经济增长点的领域。

3.2.3 推动创新经济,增强经济动力

创新要真正成为经济发展的主动力,使上海真正成为创新驱动型城市经济体,这应该是未来上海追求的重要战略目标。政府的作用将更多地体现在公共政

策的引导上,财政政策、土地政策、产业扶持政策等向能够形成创新经济的重点领域倾斜。一是能够创造"新消费"(如文化消费、信息消费、健康消费等)的新产业领域,应有相应的鼓励性引导性政策。二是激发企业创新活力、企业家才能发挥和人力资源价值体现,应有一揽子激励性保障性政策。三是形成与创新相适应的市场环境,应制定针对各种创新服务型行业(包括创新金融、科技服务、中介服务、孵化器服务等)的系列鼓励政策。同时,适应创新经济的发展要求,政府公共政策的引导,不仅包括"主动出手",还应该包括"主动收手"。

3.2.4 设置负面清单,加快产业调整

新常态下上海经济发展转型,更多地体现在产业模式、土地模式、空间模式、人口模式、能源模式、环境模式等的综合平衡,任何一种平衡状态都需要考虑多元要素之间的相互作用,而产业发展模式可以视为其中的关键变量。而政府通过设置"负面清单"定出产业调整的"基准底线",可以在相关规划中予以明确,并通过实践不断探索加以规范和完善。可考虑三个层次推进:第一,以能耗、环保指标定最低基准。这方面上海已有很好的基础,2014年《上海产业结构调整负面清单及能效指南》编制出台,未来应进一步落实操作,结合能源平衡的要求,进一步跟踪调整相关指标。第二,加入土地价值因素。在部分园区中已经开始探索,但目前只能作为参考因素,不具有刚性约束。未来应结合土地减量化和工业用地减量化的约束要求,可以积极探索操作方案。第三,进一步加入区域价值因素。即不同的区位由不同的土地价值要求。需要综合考量的因素较为复杂,难以简单量化,未来可以鼓励有关园区开展相关试点。

我国农村集体产权制度改革：过程、核心与未来

刘　兴

产权是所有制的核心。农村集体产权制度改革是农村农业改革的核心和重点，是对农村社会生产关系的重大调整，涉及农村集体经济组织每个成员的切身利益，关系到农村集体经济可持续发展，关系到农村基本经济制度运行，关系到农村基层组织建设和社会和谐稳定，关系到农村社会治理能力现代化，关系到城乡要素平等交换和城乡一体化发展。继十八届三中全会提出赋予农民更多财产权利、保障农民集体经济组织成员权利和积极发展农民股份合作后，2015 年中央一号文件又进一步强调推进农村集体产权制度改革，探索农村集体所有制有效实现形式，创新农村集体经济运行机制。在这种背景下，系统和深入研究我国农村集体产权制度改革具有重要价值。

1　农村集体产权制度改革概念内涵及发展阶段

1.1　概念内涵

农村集体产权，是指农村集体经济组织对其所有的资产的占有、支配和收益的权利、义务和责任。农村集体经济组织资产是指乡镇、村、村民小组集体组织成员长期以来通过劳动和依法投资形成的集体资产和资金的总和，是农村集体经济组织成员的共同财富，也是发展农村经济和实现农民共同富裕的重要物质基础；既包括集体经济组织所拥有的土地等自然资源的产权，也包括集体经济组织所拥有的能以货币计量、纳入账内核算的资产的产权。农村集体经济产权包括所有权、使用权、收益权和处置权四个权能。农村集体产权制度是关于农村集体产

结构和产权关系的一系列制度安排,包括各种权利的职能及配置,国家对农村集体产权的管理与调控,围绕农村集体产权的相关法律等。农村集体产权制度改革是对过去历史上(主要是 20 世纪 50 年代以来)形成的农村集体产权制度的不断调整和变革。1956 年颁布的《高级农业生产合作社示范章程》就明确规定,农业生产合作社按照社会主义的原则,把社员私有的主要生产资料转为合作社集体所有。到了人民公社时期,实行“三级所有、队为基础”的根本制度,生产资料和产品仍然属于公社集体所有。家庭联产承包责任制推广以后,尽管实行双层经营,个体获得集体资产如土地的承包经营权,但是生产资料仍然主要归属集体。后来,我国又发展出来各类合作社等合作组织。总的来看,在历史演进过程中,中国农村集体经济组织经历了合作社、人民公社、经济合作社等主要时期,产权制度也经历了按份共有到共同共有转变。正如方志权(2014)指出,农村集体产权制度改革是集体经济组织在坚持农民集体所有的前提下,按照股份合作制的原则,将集体资产折股量化到人,由农民共同共有的产权制度转变为农民按份共有的产权制度,农民变股民,按份享受集体资产收益的分配制度。我国农村集体产权制度改革,按照改制层面,可分为村级改制和乡镇级改制,以村级改制为主;按照改制时间来分,分为撤销行政村后改制和不撤销行政村建制直接改制,以撤村后改制为主;按资产构成来分,可分为存量折股型改制和增量配股型改制,以存量折股型改制为主。

1.2 发展阶段

1.2.1 第一个阶段:从 20 世纪八九十年代到 2006 年的自发探索阶段

改革开放以后,我国农村经济和乡镇企业得到快速发展,农村集体资产规模不断壮大。到了 90 年代,乡镇企业发展受到一定影响,集体资产不断缩水,再加上东部沿海地区大量外来人口不断导入,农村集体资产管理和收益分配的矛盾日益凸显。这时,农村集体产权制度改革已经迫在眉睫。在这种背景下,各地自发开展了农村集体制度改革的探索。广东省早在 1985 年就开始了以股份合作为主要形式的改革探索。20 世纪 80 年代末、90 年代初,上海近郊的普陀区长征镇红旗村、闵行区虹桥镇虹五村就在全国率先开始了村级集体经济股份合作制改革。1993 年 5 月和 9 月,杭州市西湖区益乐股份经济合作社和衢州市柯城区大南门村股份经济合作社先后诞生,拉开了浙江省农村集体产权制度改革的序幕。北京市于 1993 年在丰台区南苑乡开始农村集体产权改革,1993 年至 1994 年先后在东罗园村和右安门村进行社区股份合作制改革试点。

1.2.2　第二个阶段:2007—2013 年的规范发展阶段

自 2007 年开始,农业部等有关部委先后出台关于推进农村集体产权制度改革的一系列重要指导文件和配套实施细则。2007 年,农业部发布《关于稳步推进农村集体经济产权制度试点的指导意见》,提出要推进以股份合作为主要形式,以清产核资、资产量化、股权设置、股权界定、股权管理为主要内容的农村集体经济组织产权制度改革。2009 年,农业部又发布《关于进一步加强农村集体资金资产资源管理指导的意见》,重点是建立健全各项管理制度,做到有章理事,按制度办事。2011 年农业部、监察部印发《农村集体经济组织财务公开规定》,提出要进一步完善农村集体经济组织财务公开、民主管理和民主监督。2013 年,农业部、财政部、民政部、审计署联合下发了《关于进一步加强和规范村级财务管理工作的意见》,强调要切实做好村级会计工作,完善村级财务民主监督机制,加强对农村集体财务的审计监督。此后,北京、安徽、贵州、广东、上海等各省市也出台了指导农村集体产权制度改革的相关文件,并积极开展改革试点工作。据统计,2009—2013 年,全国完成农村集体产权制度改革的村由 1.07 万个增加到 2.8 万个,量化资产总额由 2 210.6 亿元增加到 3 671.2 亿元(宋洪远、高强,2015)。

1.2.3　第三个阶段:2014 年至今的深化推进阶段

党的十八届三中全会做出了全面深化改革的战略部署,明确提出要健全归属清晰、权责明确、保护严格、流转顺畅的现代产权制度;赋予农民更多财产权利;保障农民集体经济组织成员权利,积极发展农民股份合作,赋予农民对集体资产股份占有、收益、有偿退出及抵押、担保、继承权。[1]2014 年中央一号文件提出,引导和规范农村集体经营性建设用地入市。在符合规划和用途管制的前提下,允许农村集体经营性建设用地出让、租赁、入股,实行与国有土地同等入市、同权同价,加

---

① 《中共中央关于全面深化改革若干重大问题的决定》于 2013 年 11 月 12 日中国共产党第十八届中央委员会第三次全体会议通过。

快建立农村集体经营性建设用地产权流转和增值收益分配制度。①2014 年 12 月，国务院办公厅发布了《关于引导农村产权流转交易市场健康发展的意见》。2015 年中央一号文件又进一步强调推进农村集体产权制度改革，探索农村集体所有制有效实现形式，创新农村集体经济运行机制。②十八届三中全会以来，党中央、国务院对农村集体产权制度改革做出的顶层设计，为深化农村集体产权制度改革指明了方向和路径，我国农村集体产权制度改革推进明显加快。据统计③，截至 2014 年年底，30 个省、区、市以村为单位完成产权制度改革的村 4.7 万个，比 2013 年增长 69.1％，占全国总村数的 7.8％，比 2013 年提高 3.3 个百分点；已完成产权制度改革的村量化资产总额为 4 873.2 亿元，比 2013 年增长 32.7％，占村级账面净资产总额的 30.7％，村均 1 034 万元；完成集体产权制度改革的村设立股东 6 235.3 万人（个），比 2013 年增长 62.8％。

表 1　我国农村集体产权制度改革进展

项　　目	2009 年	2010 年	2011 年	2012 年	2013 年
完成产权制度改革的村数（万个）	1.07	1.29	1.66	2.4	2.8
量化资产总额（亿元）	2 210.6	2 528.1	3 295	3 618.6	3 671.2
量化设立股东个数（个）	1 063.8	1 718.6	2 315.7	3 710.2	3 830.3
完成产权制度改革村累计分红（亿元）	365	440.6	548.7	812.8	924.1
平均每股分红（元）	662	511	492	346	525

资料来源：历年《全国农村经营管理统计资料》。该统计为对 30 个省（区、市）（不含西藏）农村经营管理情况统计年报数据的审核汇总结果。

2　全国农村集体产权制度改革的典型实践和总结评价

2.1　各地典型实践

2.1.1　上海

早在 20 世纪 80 年代末、90 年代初，上海近郊的普陀区长征镇红旗村、闵行区

---

① 《中国中央、国务院关于全面深化农村改革加快推进农业现代化的若干意见》，为 2014 年一号文件。
② 《中国中央、国务院关于加大改革创新力度加快农业现代化建设的若干意见》，为 2015 年一号文件。
③ 资料来源：中国农经信息网。

虹桥镇虹五村就开始了村级集体经济股份合作制改革,将集体资产以股权形式量化到个人,按股权收益分配。2003年上海市农委下发《关于开展村级集体经济股份合作制试点工作意见》。2009年,市农委下发《关于本市推进农村村级集体组织产权制度改革工作的指导意见》,同时开始开展对本市郊区农村集体经济组织集体资产的清产核资工作。2011年,开始建设市、区县、乡镇、村四级联网的农村集体"三资"监管平台。2012年,市委、市政府发布了《关于加快推进本市农村集体经济组织改革发展若干意见(试行)》,并陆续出台配套文件,形成"1+11+1"政策体系。2014年,出台《关于推进本市农村集体经济组织产权制度改革若干意见》《上海市农村集体经济组织产权制度改革工作方案》。截止到2014年年底,上海已有784个村完成了集体经济组织改革,占应改制村总数的48%,并建立了779家新型集体经济组织(44家有限责任公司、21家社区股份合作社、703家社区经济合作社和其他形式16家,分别占5.6%、2.7%、89.6%、2.1%),全市已有28个镇完成镇级集体资产产权界定工作(方志权,2015)。

上海推进农村集体产权制度改革的过程中,涌现出了以闵行区和松江区为代表的两种典型模式和样本。其中,闵行区是上海推进农村集体产权制度改革的先行区,2011年和2014年先后被批准为第一批和第二批全国农村改革试验区。松江区则于2008年在部分街道开展农村集体经济组织产权制度改革试点,由点及面,稳妥有序地推进。在确定成员方面,闵行区和松江区基本类似,一般都是采取原始取得和法定取得两种方式。在确定股份方面,闵行区坚持以农龄为主,而松江区将土地份额和农龄份额按照6∶4组成总份额,并按照成员拥有份额比例进行分配。同时,闵行区对已撤制村不设集体股,对未撤制而改为社区经济合作社的,设立20%的集体股。而松江区则将农村集体资产产权100%明确到农民个人,解决了集体资产的产权模糊问题。在实行改制方面,闵行区经济水平较高的地方主要成立有限责任公司和社区股份合作社,松江则主要成立经济合作社。在经营管理方面,闵行区主要是村级组织经营管理,通过独自经营、合作经营、投资入股等形式,发展集体经济,并不强求向镇级归并和统一管理。松江由于实行镇村联动改革,在三级资产产权不变的前提下,农村集体资产经营管理由街镇统筹安排,由原来三级资产经营管理改为镇级集体经济联合社统一开发经营,有利于增强单个集体组织与外部的竞争和博弈能力。

2.1.2 北京

北京市在 20 世纪 90 年代初就要求以行政村为单位设立村经济合作社,此后采取存量资产量化、"资源＋资本"以及社员投资入股等多种方式进行股份合作制改革,先后经历开展试点探索经验、扩大试点积累经验、全面推进推广经验三个阶段。目前,全市村级产权制度改革工作基本完成。截至 2013 年底,全市累计完成产权制度改革的单位达到 3 873 个,其中村级 3 854 个,乡级 19 个,村级完成产权制度改革的比例达到 96.9％。全市已有 324 万农村居民成为新型集体经济组织的股东。2013 年全市有 1 267 个村、133 万人实现了股份分红,股份分红总额 34.8 亿元,比 2012 年增加 11.2 亿元,增长 47.5％,人均分红 2 611 元(王孝东,2014)。

北京推进农村集体产权制度改革始终坚持"撤村不撤社、转居不转工、资产变股权、农民当股东"的基本方向,形成了以下几种模式。第一种是将全部可量化的集体资产在集体经济组织成员中量化的模式,其具体做法是将改革时村集体全部可量化的资产,在从 1956 年农业合作化以来到改革时为止的所有集体经济组织成员中进行量化,该模式以丰台区南苑为代表。第二种是将资产量化与投资入股相结合的综合型股份合作社模式,其具体做法是在按人口确定农户土地承包经营权的基础上,将农户土地承包经营权转化为股权,农户依据所持有的土地股权参与集体土地经营收益的分红。该模式以大兴区西红门镇为代表。第三种是将集体经济部分存量资产在集体经济成员中量化的模式,其具体做法是改革的资产范围为村除土地以外的厂房、办公楼等集体净资产,股权量化对象为村集体经济组织所有成员;改革后,成立股份合作制企业,按照股东大会(股东代表大会)、董事会、监事会等现代公司治理结构对集体经济组织事务进行经营管理,集体经济组织成员凭所拥有的股权从集体净资产收益中获得分红。该模式以顺义区南法信镇为代表。第四种是按照现代企业制度经营管理集体资产的模式,其具体做法是由村集体经济组织直接成立股份有限公司,以企业身份参与市场竞争,并设置比例很低的集体股。该模式以通州区梨园镇车里坟村为典型代表。此外,朝阳区还探索以乡为单位的整体改革,撤销村级集体经济组织(李光熙,2008)。

2.1.3　广东

改革开放后,随着农村土地被征用,农村集体土地承包经营方式受到冲击,珠三角地区一些农村集体经济组织开始重新将部分或全部土地收归集体直接经营,并发展集体经济。如何分配这些集体资产剩余收益,成为当初需要迫切解决的现实问题,并引发了以明晰集体经济组织产权关系为主的改革探索。1990 年,广东省颁布《广东农村社区合作经济组织暂行规定》。2006 年,广东省颁布《广东省农村集体经济组织管理规定》。2011 年,广东省又印发《深化珠三角地区农村综合改革意见》,提出改革的核心是要在城市化程度高的地区厘清和明晰农村各类组织职能和关系,推动行政事务、自治事务和集体经济组织事务三分离。截止到2012 年年底,广东省农村集体资产总额达到 3 618 亿元,净资产为 2 571 亿元,年均分别比 2008 年增长 5.12%、5.16%。进行产权制度改革的 11 527 个村组集体经济组织累计股金分红总额达到 894 亿元,人均分红 12 507 亿元(黄延信、余葵、胡顺平,2013)。

广东在农村集体经济组织改制形式方面,除了传统的经济合作社和经济合作联社之外,试图通过转制为不同形式的股份制获取市场主体地位。具体方式包括三类:一是只对传统合作社进行股份改造,成立股份经济合作社(如佛山、东莞等地);二是对已城镇化的地区将合作社股份化后,由股份合作社出资成立有限责任公司(如广州天河区);三是利用地方法规将合作社股份化为股份合作公司,给予工商登记,明确市场主体的法律地位(如深圳)。在股权设置方面,也分为三种形式:一是将原有的合作社资产进行股份化,设"集体股""成员股",有的还设"募集股"。将集体资产产权在集体组织、成员和投资人之间进行分配,并作"股权固化"设计(生不增、死不减),可以继承不许转让,如东莞、深圳。二是只设"成员股",彻底"股权固化",如广州天河区。三是只设"成员股",但"股权固化"不彻底,允许新增集体成员享有股权(陈标金,2011)。在确定折股量化的资产范围方面,改革初期大多只将经营性资产作价、折股、量化,对非经营性资产和资源类资产只登记、不量化;近年来,很多地方将非经营性资产也逐步纳入折股量化范围,甚至实现对集体经营性、非经营性和资源性资产全部作价、折股和量化(如佛山市南海区里水镇沙桶村)(黄延信、余葵、胡顺平,2013)。

2.1.4　浙江

为适应城市化的发展,浙江省在 20 世纪 90 年代开展了以将村经济合作社改革为村股份经济合作社为代表的农村集体产权制度改革探索。1993 年,浙江省印发《关于乡村集体企业推行股份合作制的试行意见》。1994 年,又印发《关于进一步完善乡村集体企业产权制度改革的若干意见》。2005 年,印发《关于全省农村经济合作社股份合作制改革的意见》。2014 年,浙委发〔2014〕7 号《关于全面深化农村改革、加快推进农业现代化和城乡发展一体化的实施意见》明确提出到 2015 年年底完成村经济合作社股份合作制改造。截至 2014 年 6 月底,全省有 9 523 个村社(约占总村社数 32％)完成改革,累计量化集体经营性资产 581.4 亿元,界定股东 1 365.3 万人(程渭山,2014)。

浙江省在推进农村集体产权制度改革的过程中,主要形成了以下十个特点(农业部农村经济体制与经营管理司调研组,2013)。一是农村集体产权制度改革以村为单位开展。浙江省绝大多数地方农村集体经济组织以村为基本核算单位。二是农村集体资产量化以经营性净资产为主。浙江省统一规定,只对村经济合作社的经营性净资产进行评估折股,有条件的地方也可以将土地承包权折股,公益性资产原则上不列入折股范围。三是由于法律政策限制、资产评估费用过高等原因,多数村未聘请专业机构对量化资产评估作价。四是成员资格界定兼顾户籍与劳动贡献,并经集体经济组织成员(代表)大会民主讨论决定。五是股权设置原则上只设人口股和农龄股,两者比例由各村根据当地资产构成、历史形成和福利政策等实际情况确定。六是股权管理采取"动"与"不动"两种模式,即定期对股权进行调整(动态管理模式),股权不随人口增减而变动(静态管理模式)。七是通过颁发证明书明确集体经济组织主体地位。八是新型集体经济组织建立"三会"治理结构,如村经济合作社组织机构由社员(代表)大会、社管会和社监会构成,股份经济合作社则包括股东(代表)大会、董事会和监事会。九是新型集体经济组织主要从事物业经营,发展集体经济,实现集体资产保值增值。十是当年收益提取公积公益金后按股分配。

2.2　总结评价

上海、北京、广东、浙江等沿海发达地区率先开展的农村集体产权制度改革,经过几十年探索实践,初步建立起归属清晰、权责明确、保护严格、流转顺畅的现代产权制度,取得了显著成效,并对全国面上推进农村集体产权制度改革起到了重要的示范带动效应。主要表现在以下几个方面:一是农村集体资产得到保值增值,集体成员财产性收入明显增加。以上海为例,上海市松江区农村集体总资产由2009年年底的252亿元增长到328亿元,净资产在65亿元的基础上几乎翻了一番。二是农村集体资产管理和监督明显增强,集体资产纠纷有所下降,有力促进了社会和谐稳定。王宾、刘祥琪(2014)对北京昌平区的调研发现,根据信访部门统计,2006年以前与农村土地和集体资产相关的上访案件数量在总的上访案件中排名第一,占全区年度信访总量的50%—60%。产权改革后,涉及农村土地和集体资产的矛盾和纠纷明显下降(王宾、刘祥琪,2014)。三是新型集体经济组织治理机制得以建立,农村社会治理能力现代化水平明显提升。通过不断推进改革,农村集体经济组织逐步建立了规范化的符合现代企业治理结构的"三会四权"制度,并且建立了集体"三资"管理信息平台,农民的集体参与意识、表达意识和监督意识明显增强。

我国农村集体产权制度改革是在早期缺乏顶层设计的基础上,由地方和基层一步一步自发摸索出来的,很多问题在现实中也逐渐显现和暴露出来。一是受历史负债较多、资源变动较大、改革成本高企、信访矛盾突出、土地补偿费账目不清等历史遗留问题影响,一定程度上影响了部分地方农村集体产权制度改革的顺利推进。二是村级集体经济组织和村党组织、村委会①关系存在职能交叉,尚未完全理顺。一些村集体经济组织仍然承担村委会运转经费,没有真正做到分账管理和分账使用,既影响农村集体经济组织正常发展,又容易在集体经济组织成员与村委会或社区居民之间产生矛盾。三是农村集体经济发展模式单一,基本以物业经营(如厂房、楼宇出租)为主,缺乏市场开拓、滚动发展和专业投资能力,经济发展形态能级不高,经济可持续发展后劲不足。②四是集体经济组织成员股权流动

---

① 从理论上来说,村党组织是执政党在基层的"党务性"组织,村委会是办理农村公共事务的基层"政务性"组织,村集体经济组织是进行集体资产经营管理的"经济性"组织。三个组织从性质上看截然不同,但在实际中特别是计划经济时期往往混在一起。

② 上海市人民政府发展研究中心研究报告:《农村集体产权制度改革研究》。

困难,股权流转并不活跃。若集体经济组织发展较好,分红较多,集体组织成员会对股权流转产生强烈抵制;若集体经济组织经营不善,分红较少,股权价值不高,则新增股东没有进入的积极性;由此,产生了股权流转的"两难"困境。五是从全国各地实践普遍反映,集体经济组织还面临着税负负担过重的问题。

表2　改革后闵行区17个股份公司的经济成效变化(万元)

年度	净资产	净收益	分红总额
2009	138 286	16 293	11 654
2010	184 809	25 184	14 226
2011	233 428	39 779	19 378
2012	255 842	44 621	20 156
2013	282 826	53 184	28 328
年均增长%	20	47	23

资料来源:上海市人民政府发展研究中心研究报告:"农村集体产权制度改革研究"。

表3　北京昌平区农村集体产权改革后集体股份分红情况

集体股份分红金额	改革前三年	改革前二年	改革前一年	改革后第一年	改革后第二年	改革后第三年
1 000 元以下	11	4	7	23	15	4
1 000—3 000 元	35	25	35	45	28	17
3 000—5 000 元	11	13	22	38	27	21
5 000—7 000 元	4	8	12	26	24	9
7 000—9 000 元	4	6	14	18	17	16
9 000—11 000 元	0	5	9	10	9	16
11 000—20 000 元	4	6	11	25	18	22
20 000 元以上	0	4	0	11	15	20

资料来源:王宾、刘祥琪(2014)。

3　农村集体产权制度改革的几个核心问题

3.1　关于农村集体资产量化范围

从所有权上来看,农村集体资产覆盖资源性资产(如土地、草场)、经营性资产和非经营性资产三大类。对于哪些资产能够纳入折股量化范围,各地做法也不尽相同。第一种是对全部资产进行量化分配给集体经济组织成员。这种做法被认为可以盘活农村集体的全部资产,能够保持资产的完整性,是一种相对彻底的改革。如广东佛山南海区里水镇沙桶村将截至 2005 年年底属于集体的经营性、非经营性和资源性资产全部作价,扣除负债后,按净资产数额折股量化。其中,幼儿园等公益性资产则以账面价值计价。这种方式主要适用于已经撤村改制的地方,由于土地全部征用后取得了征地补偿金,便于全额量化。第二种是对经营性净资产进行量化。全国大部分改革试点只对经营性净资产进行折股量化。其优点是容易操作,规避了土地资源难以评估作价的问题,改革难度较小。例如,2005 年浙江省统一规定,只对村经济合作社的经营性净资产进行评估折股。但是,政策也允许有条件的地方将土地承包权折股,但公益性资产原则上不列入折股范围。第三种是对经营性资产和非经营性资产同时量化。例如,上海有 68 个不撤销行政建制而直接改制的村集体经济组织,大多将除土地以外的办公楼等集体净资产进行量化。实践中不少地方尽管对土地等资源性资产不进行量化,但列入改革范围,等变现后再按照股份或份额量化兑现。第四种是对土地等资源性资产进行量化。如北京昌平区乃干屯村按 5 万元/亩计算土地资产总值,并按资产总值的70％平均分配给拥有土地确权资格的集体经济组织成员。①实际上,由于各个地方所处的发展阶段和资源禀赋情况不同,暂时难以强求全国按照统一标准确定量化范围。

3.2　关于集体经济组织成员资格认定

界定农村集体经济组织成员,关系各方切身利益,历来是农村集体产权制度改革的难点和焦点问题。2013 年中央一号文件提出,要探索集体经济组织成员资格界定的具体办法。但由于有关部门还没有出台具体办法,各地在推进改革的过程中,并没有形成一个统一的标准,而是根据各地实际采取了不同的做法。有的是通过地方性法规或政府规章予以确定,如广东省 2006 年出台的《农村集体经济组织管理规定》,就对成员资格做了原则性规定;有的是通过地方政府和部门规范性文件予以规定,如 2012 年上海市农委出台了《农村集体经济组织成员界定和

① 上海市人民政府发展研究中心研究报告:《农村集体产权制度改革研究》。

农龄统计操作口径》；有的则是按照村规民约进行决策，交由农村集体经济组织成员大会进行民主评议，对集体经济组织成员身份予以确定，如湖北省等地。集体经济组织成员的相关方非常复杂，涉及以下几个群体：户口一直保留在农村集体经济组织的成员；户口后来迁入的农村集体经济组织成员；农村集体经济组织成员的子女；因上学、服役、劳教等原因户口暂时不在集体经济组织所在地但享有集体股权的人员；农村集体经济组织成员配偶；农村集体经济组织成员非婚生育随迁入户子女；农村出嫁女；户口回迁的行政、事业单位在编干部职工；长期居住但没有本村户籍或已经迁出人员（如超生子女）；其他人员等。从具体认定标准上来看，广东省佛山市南海区在 2008 年专门下发成员界定办法和成员登记管理办法，对集体成员资格做了明确和详细的界定。从全国各地来看，户口身份是在成员资格界定时首先和普遍考虑的，另外还会考虑一些特殊群体成员的资格认定问题。无论如何界定成员资格，都应该做到尊重历史、照顾现实，坚持实事求是，注重权利义务对等，注重程序公开，注重个人对集体组织的贡献。

3.3　关于股权设置改革

在股权设置方面，按照是否设置集体股，可以分为两种。有的地方在改制时设立了集体股，主要原因在于设置集体股能够体现集体经济组织的公有制性质，以及依托设置集体股筹集集体经济组织承担大量公共服务功能所需的经费。如北京基本保留集体股，比例一般不高于 30%。有的地方则不设置集体股，主要是担心随着集体积累不断增加，会再次出现集体权属关系不清晰和二次改制的问题，且集体经济组织变更或重组时面临再分配、再确权的问题，容易产生新的矛盾。如上海市松江区只设个人股，不设置集体股，且个人股设置将土地份额和农龄份额按照 6∶4 组成总份额，再按成员股权份额比例进行分配。①广州市荔湾区也只设个人股，不设集体股，个人股又分为基本股（人口股）和农龄股（劳动股）。基本股以产权改革时是否在册为依据，分为社员股和社会股，在规定时间段内具有该村户口的成员配置社员股，原来户口在本村，但由于外出工作、上学等原因迁

---

① 上海市人民政府发展研究中心研究报告：《农村集体产权制度改革研究》。

出的只配置社会股,可参与分红,但不享有选举权和被选举权;农龄股则以参加村集体劳动的时间为依据(黄延信、余葵、胡顺平,2013)。上海市闵行区对已撤制村不设集体股,对未撤制改为社区经济合作社的设立集体股,比例一般为20%。在股权设置权重划分方面,上海农村集体产权制度改革主要是以农龄为主要依据(非唯一依据),农龄计算范围从1956年算起,农龄因素一般要超过50%(方志权,2014)。另外,关于股权是否能够调整,也分为两种模式:一种是静态管理模式,即股权不随人口增减而变动,如广东佛山市里水镇草场村1996年试点对农民拥有的股权实行"增人不增股、减人不减股"。另外一种是动态管理模式,根据情况可以对股东进行调整。如上海市闵行区七宝镇九星村实行3年一次调整,"生要增,死要转"。

3.4 关于改制形式

在改制形式方面,可以分为登记为法人和非法人两大类,其中,登记为法人又可以分为登记为企业法人和特殊法人两种。农村集体经济组织改制为有限责任公司,是按照《公司法》进行工商登记的公司法人。目前,上海约有30%的农村集体经济组织采取这种形式。对于一些经营性资产总量大、效益好的农村集体经济组织,更适宜采用改制为有限责任公司,因其需要与经济组织形式匹配,且有更高企业法人信用度,有利于拓展经营范围,提高市场竞争能力。但缺点是股东只能在50人以下,而集体组织成员规模远超此数,故在实际中常常采用隐性股东的做法。例如,山东省青岛市荒里社区将社区公共事业服务协会和公司工会登记为公司股东,有效规避了《公司法》关于股东人数的限制,由社区公共事业服务协会持有集体股权,由公司工会委员会代表行使人头股和年限股的股东权利。除了有限责任公司之外,股份有限公司也登记为企业法人。①对于社区股份合作社等新型集体经济组织,一般参照《农民专业合作社法》登记为农民专业合作社法人,这是一种特殊的法人,没有专门的税收和财务制度。如江苏省2009年出台《农民专业合作社条例》,对农村集体经济组织设立的农民专业合作社,可以领取农民专业合

---

① 上海市人民政府发展研究中心研究报告:《农村集体产权制度改革研究》。

作社法人营业执照,赋予法人地位,并统一改称为社区股份合作社。需要指出的是,无论登记为企业法人和特殊法人,都需要承担较重的税务负担,如股东在收益分配时要缴纳 20％的红利税。此外,不少地方还采取了社区(村)经济合作社的形式。社区(村)经济合作社不是法人,无需进行工商登记,由当地政府发放组织证明书并凭之申领组织机构代码证即可。其优点是分红时不需要缴纳红利税,缺点是由于非法人主体无法作为出资人进行对外投资。

表4　农村集体产权改制形式比较

类型内容	经济合作社	有限责任公司	社区股份合作社
内部管理 / 成员(股东数)	没有限制	50 人以下	发起人为 2—200 人
出资方式	不明确	可货币估价并可依法转让的财产	可货币估价并可依法转让的财产
承担责任	无限责任	以出资为限	以出资为限
权力机构	成员大会	股东会	股东大会
决策方式	一人一票	按投资额	一股一票
日常权力机构	成员代表大会	执行董事或董事会,人数3—13 人	董事,人数 5—19 人
监督机构	监督委员会,3—5 人	1—2 名监事;或监事会,人数不少于 3 人	监事会,人数不少于 3 人
外部环境 / 法人地位	无	公司法人	参照农民专业合作社法人
营业执照	无	有	有
经营税费	无	有	有

资料来源:方志权(2014)。

3.5　关于组织治理机制

农村集体经济产权制度改革后,各地都参照现代公司治理机制,初步建立起了以"三会"(即"社员大会、社管理委员会、社监督委员会"或"股东大会、董事会、监事会")为核心的现代产权治理结构,并逐步规范了经营管理制度、收益分配制度、财务管理制度、股份管理制度和奖惩制度等。以浙江省为例,对于采取村经济合作社的,《浙江省村经济合作社组织条例》(2007 年修订)规定,建立健全村集体资产经营管理、财务会计、民主理财、收益分配和产权制度,是村经济合作社应当履行的一项重要具体职责。其中,在组织机构方面,包括社员大会、社管理委员会(简称社管委)和社监督委员会(简称社监会),社员大会是权力机构,社管委是执行机构,社监会是监督机构,后两者由前者选举产生并向前者负责。村经济合作社可以设社员代表大会,社员代表大会经社员大会授权行使职权。在收益分配方面,社管会可以根据社员与本社集体财产关系提出收益分配的具体方案,经本社社员(代表)大会表决通过并报县级人民政府农业行政主管部门和乡镇人民政府备案后实施。在财务管理方面,村经济合作社应当执行农村集体经济组织财务、会计制度,推行会计委托代理制度。村经济合作社可以委托乡镇(街道)会计代理机构代理会计业务,但不得改变其资产所有权、使用权、审批权和监督权。对于由村经济合作社进行股份合作制改革(更名为股份经济合作社)的,浙江省《关于全省农村经济合作社股份合作制改革的意见》要求各地要根据国家有关法律法规及政策规定,制定股份经济合作社示范章程,指导村股份经济合作社的组建,并严格按章程规范管理和运作。章程应包括总则、股东、组织机构、资产和经营管理、财务管理、收益分配及附则等内容,明确股东(代表)大会、董事会和监事会的产生办法及其职责,明确议事规则及有关制度。

4　进一步深化农村集体产权制度改革的思路建议

4.1　总体思路

新形势下,进一步深化农村集体产权制度改革的总体思路是,贯彻中央关于全面深化改革的战略部署,以维护和保障农民集体经济组织及成员合法权利为核心,以完善农村集体经济组织治理结构为关键点,以促进农村集体经济可持续发展和农民财产性收入增加为目标,坚持顶层设计,鼓励地方探索;坚持集体所有,确保公正规范;坚持市场导向,鼓励适度分配;积极探索农村集体所有制的有效实现形式,创新农村集体经济运行机制,赋予农民更多财产权利,加快建立归属清晰、权责明确、利益共享、保护严格、流转规范、监管有力的农村集体经济组织产权制度。

4.2 主要建议

一是加强顶层设计与地方探索相结合。从 20 世纪八九十年代沿海地区农村集体产权制度自发改革开始，经历了 30 多年时间，我国各地探索形成了多种符合自身阶段和实际特点的路径。但由于很多改革没有明确法律和政策依据可循，往往是基于自身理解和认识，"走一步、看一步"，导致很多改革或存在法律和政策风险，或改革不彻底、留下很多漏洞和空白，抑或瞻前顾后、被动等待、改革止于半途。因此，必须加强顶层设计，尽快统一思想，达成共识，针对基层共同面临的共性问题、困惑问题和法律障碍，加快出台具体实施意见，推动法律设立（如制订农村集体经济组织法）或修订调整（如对相关的土地管理法、税法、公司法、物权法、农民专业合作社法等进行修订调整）。建议对集体经济组织成员收益分配所获红利暂缓征收个人所得税，或将分红所得计入农村集体经济组织成员工资薪金，并对超过月均 3 500 元的部分再按规定征收个人所得税。同时由于各地处于不同发展阶段，进展程度不一，条件差别较大，甚至不少地方历史遗留问题尚未完全解决，因此不能搞"一刀切"，必须按照"中央定规则、省市出细则、区县出办法"的思路，因地制宜，分类推进，在中央划定的红线内给地方以自主探索和创新弹性空间。例如，对于改革基准日的确定方式，有的学者如王宾、刘祥琪（2014）提出，对于劳龄股和独生子女奖励股，可以沿用固定时点的确定方式；而对于户籍股，可以设定为一个具体时间段来代替固定时间点；对于改革基准日之前去世的老人，坚持不分配户籍股，但可考虑将其生前劳龄折扣后将股份分配给其法定继承人。

二是正确合理处理农村集体产权制度改革中的几个核心问题。其一，在农村集体资产量化范围方面，如果难以做到一步到位，可以按照先易后难的顺序推进。从短期来看，可以先将经营性资产特别是经营性净资产量化到人。对资源性资产，可以不先量化，但要列入改革范围。从长期来看，在土地确权颁证登记等基础性工作完成之后，应该逐步纳入土地等资源性资产，并依托专业机构进行合理价值评估。对于已经撤制改居且获得土地征用补偿款的，要将其纳入资产量化范围。对于学校、体育设施等公益类非经营性资产，可以只登记、不量化。其二，在集体经济组织成员资格认定方面，由于各个地方情况不同，不宜做统一过细规定。

主要考虑是要尊重历史,坚持权利义务对等,考虑对集体资产积累做出的贡献大小。在具体操作上关键要详细划分类别,尽可能把各种情况考虑在内。特别是对那些有较大争议的特殊群体的集体成员资格问题,最好按照村规民约交由成员(代表)大会进行民主决策。其三,在股权设置改革方面,既可以只设立个人股(参照上海松江和广州荔湾模式),也可以设置集体股,但集体股的比例不宜过高,一般在20%左右,最高不宜超过30%。或者不设立集体股,但是按章程提取一定费用,用于本村公益事业支出或扩大再生产。集体股是否需要设置主要取决于集体经济组织经济能力以及为其成员提供公共服务的不可替代性。[1]在股权权重设计时,上海等地坚持以农龄为主要依据进行分配的做法,得到了广大村民的充分认可,值得借鉴和推广。在股权调整方面,建议采用动态调整方式,增强股权流动性,但要科学合理地设计好股东新进和退出机制,防止产生或扩大矛盾。其四,在改制形式方面,若集体经济组织规模大、效益好、竞争激烈、对外投资活动多,需要获得市场主体资格和平等市场竞争地位,建议改制为有限责任公司或股份有限公司等企业法人。否则,则可以改制为村民经济合作社、农民专业合作社、股份经济合作社等。其五,在组织治理机制设计方面,重点是加快建立健全以"三会"为核心的现代产权治理结构,推动集体经济组织与党组织、政务组织有效分开和独立运行。同时,要进一步完善经营管理制度、收益分配制度、财务管理制度、股份管理制度和奖惩制度等,提高规范化和透明度。对撤制村队的地区,原村委会承担的基本公共事务职能转交相应的居委会,并将相关费用纳入财政支出予以保障。在不撤制村队的改制地区,要创造条件实行分账管理。

三是加快培育和发展农村产权流转交易市场。农村产权流转交易市场是为各类农村产权依法流转交易提供服务的平台,具有信息传递、价格发现、交易中介的基本功能,以及为农户、农民合作社、农村集体经济组织等主体流转交易产权提供便利和制度保障的特殊功能。

加快培育和发展农村产权流转交易市场,有利于优化农村产权资源配置,推

---

[1] 对于农民已经全部转为城镇居民、集体土地已经转为国有土地、集中的成年人已享有城镇居民社会保障、没有历史遗留问题的集体经济组织,可以不设集体股(农村集体产权制度改革和政策问题研究课题组,2014)。

动城乡要素平等交换,畅通农村集体资产实现渠道。近年来,为满足日益增长的各类农村产权交易需求,我国不少地方建立了多种形式的农村产权流转交易市场和平台,主要分为农村土(林)地流转服务中心和农村产权交易所(中心)两大类。截至2012年年底,全国已有800多个县(市)、13 000多个乡(镇)建立了土地流转服务中心;林业系统成立了1 200多家林权交易机构。到2014年10月底,全国有11个省级或省会城市级农村产权交易服务机构。总的来看,各地农村产权流转交易市场发展还很不平衡,在设立、运行、监管等各个方面都有待规范。主要问题包括市场主体定位不清晰,到底是公益性还是经营性不明确;农村产权交易标的物存在法律障碍,耕地、宅基地、自留地、自留山等集体所有的土地使用权不能进行抵押(陈建华,2014)。下一步要进一步推动和规范农村产权流转交易市场发展,允许不同市场和平台多种形式合作共建和区域整合,明确自身发展定位,鼓励有效利用电子交易网络平台,扩大交易品种和交易主体范围,优化服务内容,健全管理制度,加强监督管理,推动行业自律,加快产权交易经纪人培育,为农村集体产权制度改革提供更多配套服务。

四是推动农村集体经济组织经营转型和可持续发展。改革初期,一些城市化进程较快的地方,依靠土地、厂房、办公楼宇等物业升值和租金收益,农村集体资产获得快速增长。但近年来,传统、低端、单一的以物业不动产经营为主的发展模式愈发难以为继。由于整体经济下滑、市场竞争激烈等综合因素影响,农村集体经济发展普遍放缓,集体资产保值增值存在一定压力。因此,要加快推动农村集体经济发展转型升级,增强农村集体经济的造血功能。在风险可控的前提下,要增强市场竞争意识,利用好信息、资金、人才、科技等要素,结合自身优势和资源,采取多种形式发展农村集体经济,如通过托管或参股方式参与产业园区开发。允许单个的村集体经济组织联合起来组建有限责任公司(如上海市闵行区成立的"百村公司"),或者推动资源向区县、乡镇一级集中,提升资源统筹层级和整合能力,共同壮大集体经济,发挥资源最大效益(如上海市松江区推动镇村联动)。由于很多改制后的集体经济组织承担着发展集体经济和支持社区管理服务的双重职责,建议国家制订相关优惠税费政策,对集体经济组织利用物业租金收入从事农村公共事务和农村公益事业建设的部分实行税前列支(农业部农村经济体制与经营管理司课题组,2014)。另外,加强农村集体经济组织人才培育,形成一支素质好、懂市场、会管理、高素质的集体经济组织本土管理人才队伍。有条件的地方允许探索股权激励机制,聘用职业经理人,提高经营管理水平。

参考文献

〔1〕方志权:《农村集体产权制度改革中的问题与办法》,《东方早报》2014 年 10 月 14 日。

〔2〕宋洪远、高强:《农村集体产权制度改革轨迹及其困境摆脱》,《改革》2015 年第 2 期。

〔3〕方志权:《上海推进农村集体产权制度改革的实践研究》,2015 年。

〔4〕王孝东:《关于深化农村集体经济产权制度改革几个重点问题的研究》,《北京农村经济》2014 年第 4 期。

〔5〕李光熙:《北京市集体经济组织产权制度改革模式与政策建议》,《北京市经济管理干部学院学报》2008 年第 12 期。

〔6〕黄延信、余葵、胡顺平:《广东农村集体产权制度改革实践与启示》,《农村经营管理》2013 年第 9 期。

〔7〕陈标金:《农村集体经济组织产权制度改革:广东的探索》,《农业经济与管理》2011 年第 2 期。

〔8〕程渭山:《深入推进农村集体产权股份合作制改革——关于浙江省农村集体产权制度改革的调查与思考》,《农民日报》2014 年 12 月 17 日。

〔9〕农业部农村经济体制与经营管理司调研组:《浙江省农村集体产权制度改革调研报告》,《农业经济问题》2013 年第 10 期。

〔10〕王宾、刘祥琪:《农村集体产权制度股份化改革的政策效果:北京证据》,《改革》2014 年第 6 期。

〔11〕方志权:《农村集体经济组织权制度改革若干问题》,《中国农村经济》2014 年第 7 期。

〔12〕农村集体产权制度改革和政策问题研究课题组:《农村集体产权制度改革中的股权设置与管理分析——基于北京、上海、广东的调研》,《农业经济问题》2014 年第 8 期。

〔13〕陈建华:《发挥农村产权交易市场在规范农地流转中的作用》,《农民日报》2014 年 1 月 18 日。

〔14〕农业部农村经济体制与经营管理司课题组:《对农村集体产权制度改革若干问题的思考》,《农业经济问题》2014 年第 4 期。

进一步完善上海公交特许经营制度的初步设想与建议

孙征宇

1 特许经营的概念与内涵

1.1 特许经营概念

20 世纪 90 年代英国开展私有化运动,将私人资本参与扩大到基础设施和公共服务领域,首先提出公私合作(public private partnership, PPP)的思想,形成了一种特定的制度安排。

根据国家《市政公用事业特许经营管理办法》的定义,市政公用事业特许经营,是指政府按照有关法律、法规规定,通过市场竞争机制选择市政公用事业投资者或者经营者,明确其在一定期限和范围内经营某项市政公用事业产品或者提供某项服务的制度。

结合国外特许经营的内容,可以将特许经营表达为"将由政府控制或者实施的基础设施或公共服务项目,通过特许授权等机制,在一定期限和范围内,交给私人企业投资、建设或运营,进而提供公共产品或服务的制度安排"。

1.2 特许经营的目的

政府实施特许经营的目的主要有两个方面:一是充分利用私人部门的资金,弥补政府公共部门财政预算的不足;二是充分利用私人部门在运营管理方面的禀赋优势,提高基础设施或公共服务的运营效率。

1.3　特许经营的主要特征

一是特许经营涉及政府、私人部门、公众、中介机构等多元主体,需要合理界定各方权责利关系。政府部门的职责在于建立协调顺畅的管理体制、做好规划、政策引导、履行监管职能等。私人部门的职责在于按照协议规定,负责项目的设计、建造、运营等,提供符合要求的公共产品或服务。政府和私人部门之间权责利划分和界定主要通过特许权协议做出约定,同时辅以必要的协商、应急等机制。同时,中介机构在项目实施的各阶段为政府和私人部门提供财务、法律等方面的专业化咨询和支持。公众则对提供的公共产品或服务做出客观评价,通过一定渠道做出反应,间接参与监管。

二是特许经营需要一系列制度安排提供保障。实施方案审定制度。通过对项目基本情况、特许经营者选择、特许经营协议及特许期限、政府承诺和保障等方面全方位审定,对项目进行整体把握统筹。特许经营需要的制度安排包括:其一,科学严谨的项目选择制度。在对要实施的项目进行全面系统评估的基础上,确定迫切需要进行特许经营的项目。其二,公平合理的特许经营者遴选制度。通过设定招投标等方式,选取合格有诚信的特许经营者。其三,完善的全周期平衡投资回报制度。通过多种投资回报方式、建立完善的公共品定调价制度、特定情况下的补偿机制等满足私人部门合理的投资回报,保证公共产品质量。其四,全过程的有效监管制度。通过对私人部门进行从准入、设施建设、运营、退出等环节全过程的监管,约束私人部门的经营行为,使得其经营行为的结果就是提供合乎要求的公共产品/服务。

三是特许经营需要具备较强的风险管控和应急管理能力。特许经营项目一般为周期较长,其间政府制度政策、法律环境、市场环境等都可能发生巨大变化,未来不可测的风险较大。公共产品或服务的供给又要求较高的稳定性,实现持续供给。因此,需要具备较强的风险预测和控制能力。其一,建立合理的风险分担机制,并在协议当中予以明确。政府和私人部门之间按照"谁有能力承担风险,谁就承担风险"的黄金分割法则,进行风险分配。政府承担政策变化、法律变更及不可抗力因素引起的风险,私人部门承担项目建造运营过程中的风险等。其二,建立应急协调机制。在协议中明确建立协调有序、反应迅速、运转高效的应急协调机制。在突发事件发生后,及时启动应急预案,最大限度地保障公共产品或服务的正常提供。

2 上海公交行业特许经营概况

2.1 行业概况

截止到 2014 年年底,上海共有公交营运汽车 32 家,公交车辆 16 000 余辆,公交运营线路 1 300 余条,日均客运量 730 万人次。

2.2 特许经营权实施情况

社会经济水平的提高,对上海市公共交通的发展提出了更高的要求。本市遵循"行业公益性、运作市场化"的公交发展原则,将公交经营权制度作为抓手,逐步实现对市场秩序和营运服务的管理。

2000 年,《上海市公共汽车和电车客运管理条例》对公交线路经营权做出了明确界定,确立了公交线路经营权的管理制度,将其作为行业市场准入和公共资源配置的基本制度。2002 年,经过充分准备,市交通局对当时 63 家公交企业的 949 条运营线路进行了确权。2011 年,颁布了《上海市公共汽车和电车客运线路经营权管理规定》,进一步明确了线路经营权的授予、管理与考核规范。

根据有关规定,上海公交线路经营权授予方式采用行政许可;市场准入采用市场化的公开招标或邀请招标方式;经营回报方式并未明确内容,公交运营企业主要通过票款收入、政府补贴和其他收入等弥补成本;线路经营权期限每期不得超过八年。市交通主管部门每年按照企业申报,根据日常监管和市民参与评价对线路进行评议考核,对不合格的企业进行处罚。

从线路经营权的实施效果来看,一是通过将线路经营权作为市场准予和资源配置的基本制度,促使公交线路资源纳入管理部门的有效控制范围。二是以线路经营权作为抓手,一方面不断完善政府综合监管,另一方面加强公交企业内部管理。三是通过制度建设实施公交企业的扶大扶优,促进行业格局优化。

2.3　线路经营权实施效果

一是有效管理线路资源。将线路经营权作为市场准予和资源配置的基本制度,确立了经营权有效期限,将公交线路资源纳入管理部门的有效控制范围。二是完善市场监管模式。管理部门通过工作例会、多指数测评、数据库建设、专项整治等多种方式,不断完善综合监管。三是加强公交服务管理。通过对线路运营服务质量评议考核,根据线路服务质量实施有效奖惩措施,促使公交企业不断加强内部管理。四是促进行业格局优化。通过制度建设实施公交企业的扶大扶优,鼓励和推动经营业绩、营运服务优良的企业通过兼并、重组,逐步达到相对集中经营,对服务质量等不合格的企业通过线路经营权调整加以淘汰。

2.4　存在问题

一是线路招标问题。公交线路本身由于区位、走向等原因存在客流大小不一的情况,因此出现了对于客流大的优质线路受到积极投标,而部分冷僻线路则无人问津的现象,线路经营权招投标流于形式。二是线路退出问题。一方面,在政府配套政策不到位的情况下,企业对于经营亏损线路退出后的招投标毫无积极性,出现了线路退出后除国有骨干企业外无人竞标的局面;另一方面,线路撤销或吊销后的原经营企业的相关人员和车辆无法有效分流,影响了接收企业的积极性。三是配套政策问题。现行的项目补贴在内容和制度上还不完善,行业长效发展机制尚未建立。现行对公交企业实施的是项目补贴,难以发挥鼓励先进、惩戒落后的作用。此外,还存在面向国有骨干企业和民营企业补贴政策不平衡,公交多级票价尚未理顺等问题。四是企业经营问题。一方面,国有骨干公交企业在人工成本等客观原因造成的经营成本刚性增长和企业经营内生动力不足等主管原因的共同推动下,收支缺口逐步增大,财务状况日趋恶化;另一方面,政府对于公交企业的补贴日益加大,在信息不对称的情况下对于财政补贴的利用效率产生了疑问。国有公交企业对于财政补贴的需求和政府对于国有企业经营效率改善的要求两者之间的矛盾逐渐凸显。

　　上述四方面问题深层次的根源在于目前的公交线路经营权管理中未明确政

府、企业、第三方机构的权责利关系。对于政府而言,一方面,对于应当由政府承担的角色不到位,未能建立起协调顺畅的管理体制。目前公交线路经营权中招标标的主要限于服务质量,对于投资回报只字未提。随着成本的增加和票价的不变,两者的矛盾逐步显现。在缺乏经营效益的前提下,经营权招标、经营权退出流于形式也就不足为怪了。另一方面,对于应该由企业承担的经营活动实行了过多的干预与管理,压缩了运营企业的经营空间与活力。如公交职工工资是完全属于企业经营范围的内容,职工工资水平的调整,是完全市场化的产物。如今公交企业(特别是国有公交企业)根据政府要求被动去提高职工工资,既造成了部分不必要人工成本的增加,又间接提高了民营企业的用工成本。而由此又引发了一些民营企业在经营困难情况下退出市场,要求国有企业接盘,产生一系列不良影响。

对于国有公交企业而言,与政府间尚未明确清晰的契约关系。如今国有公交企业不仅承担了提供公共服务的功能,而且还背负了许多政府行政指令式的任务。例如冷僻线路的开设、民营退出企业的线路接盘等,并且有关线路的亏损得不到完全的经营性补偿。在政府和企业均发生权责利不明确的情况下,政府对于国有公交企业涉及补贴的经营存在情况不明的现象,而国有公交企业对于自身经营效率改善的积极性不高,依赖于政府补贴来维持简单的经营再生产。

3 国外公交特许经营制度的经验借鉴

3.1 公交特许经营的要素与条件

随着特许经营概念的不断扩展,国外许多城市开始在公交领域推广特许经营,允许私人企业参与公共交通的运营与服务,实现提高公共交通运营效率、提升公共交通服务水平的目标。比较有代表性的国家(地区)包括英国伦敦、韩国首尔、新加坡、法国巴黎、美国纽约、中国香港等。公交特许经营成功的要素与条件包括以下几个方面。

一是法律及相关政策法规的完善。完善的法律法规不仅有助于形成稳定、可靠的制度保障,吸引私人企业参与公交特许经营,而且有助于在法律的框架下,明确政府、私人企业的权利、义务和责任,并在出现争议时,明确解决机制。

二是准确的政府职能定位。政府与生产者角色分离。在市场化供给的条件下,政府将是公交服务的规划者、决策者和监督者,而不再是公交服务的供应者。此外,政府与企业的关系在特许经营中也有所转变。在垄断经营中,一般由隶属政府的企业提供公交服务,企业与政府属于行政管理关系。而在特许经营中,政府作为公交服务需要的提出者,通过合同方式与运营商建立平等、互利的民事关系。合同对于双方均有约束作用。

三是规范严谨的制度保障。这些制度保障包括:其一,科学严谨的线路选择制度。在对公交线路运营情况进行全面系统评估的基础上,确定新增以及经营权到期线路。其二,公平合理的特许经营者遴选制度。通过设定招投标等方式,选取合格、有诚信的特许经营者。其三,完善的合同制度。通过合同明确政府与企业双方的权利与责任,包括合同期限与范围、服务标准与监督、服务变更的处理、定价与调整、应急方案、线路退出的处理、企业成本与利润管控、争端解决等内容。其四,全过程的有效监管制度。通过服务质量、服务价格、服务效率、企业治理等方面进行全过程的监管,约束私人部门的经营行为,促使其提供合乎要求的公交服务。

四是其他领域的保障。其一,第三方专业机构协助政府参与特许经营的实施。国际上,特许经营的实施主体正由职能部门向专业咨询机构转变。这是因为特许经营涉及法律、金融等专业知识与专业人才,需要第三方机构协助政府实施特许经营。其二,发挥企业治理的作用,协调各方利益。从国际经验来看,公共服务企业对各方利益的保护取决于有序市场竞争、企业社会责任和有效的政府管制。其中,有效的政府管制在企业治理中发挥了重要的作用。参照香港、首尔的经验,政府有权在企业设立一定数量的额外董事作为政府代表,参与董事决议,获取企业内部的材料与数据。其三,将信息化技术作为重要手段,实现政府的全过程监管。伦敦、首尔等城市均十分重视公交信息化建设,通过技术的集成与数据深度分析处理,准确、有效地掌握公交企业的运营情况。其四,实施因地制宜的特许经营模式。公交特许经营模式主要包括线路特许、区域特许等模式。线路特许是对线路经营权的授予。区域特许也称为区域专营,是指将某一区域的地面公交线路进行整体授予。从具体实施来看,上述两种模式并不矛盾,可以混合实施。

3.2 上海与国外公交特许经营的比较

比较和梳理国外与上海在公交特许经营的做法,可以发现两者在以下五个方面存在差异。

一是政府定位的差异。在公交特许经营中,政府的角色定位是十分明确和清晰的,即担当公共服务的规划、决策与管理者,而非实际服务的提供者。目前,上海的国有公交企业与政府既存在行政管理关系,又存在委托授权关系。在职责不明确的情况下,政府在特许经营的定位介于管理者与服务提供者之间,造成了市场关系的错位与失衡。

二是合同关系与行政许可的差异。根据国外案例,即便是国营公交企业,政府与企业在特许经营生效前也需要签署相关合同或协议。双方通过合同的讨论与签订,明确相关责任、权利和义务。换言之,假如政府违反了合同约定,需要承担相应的民事与赔偿责任,反之亦然。目前,上海的公交线路经营权采用行政许可的方式,企业中标后,由政府向企业颁发经营权证书,不存在合同关系。因此,在实施过程中也会造成政府与企业的责任义务难以划分等问题。

三是配套制度的差异。国外城市的成功经验表明,在特许经营的制度安排下,政府与企业需要明确服务价格、服务回报、争端解决等内容。在一系列制度的安排下,才能实现政府与企业的双赢,即政府获得公交服务质量与效率的提升,企业通过竞争后获得收益。与国外相比,上海公交线路经营权实施过程中,有许多方面的内容仍有待明确,特别是与政府财政补贴紧密联系的投资回报机制,造成整个公交行业的投资回报能力低下,难以有效吸引资本进入,也就无法形成市场化竞争的局面。

四是风险承担的差异。特许经营强调政府与企业共同承担对应的风险。从上海公交经营权实施来看,存在政府与企业风险承担不对等的情况。一方面,企业承担了许多额外的风险,包括线路调整风险、受轨道交通影响的客流风险、政策变动风险等,而另一方面,政府承担了本不应该承担的线路退出风险。一旦私人企业退出市场,在竞争市场难以实现的情况下,就需要政府转为服务提供者进行托底。

五是全过程监管的差异。在政府与企业责权明晰的前提下,特许经营要求政府发挥监管的重要作用。上海对公交的监管有长足的进步,但是与国外同类城市相比,还存在较大差距。在监管过程中,还未完全发挥信息技术、第三方监管平台、公司治理等手段的作用,对于企业存在信息不对称、信息不透明等问题。

上海实施的公交线路经营权管理实质上还不属于特许经营的范畴,在政府定位、政企关系、配套制度等多方面存在差异。目前,公交线路经营权仅作为市场准入资质和线路资源管理,未能形成有序、规范、良性循环的公交特许经营模式。

4 进一步完善上海公交特许经营制度的初步设想与建议

4.1 初步设想

国外公交特许经营的模式已经较为成熟,并且经过多年实践被证实是比较有效的。上海在线路经营权与经营格局上具备一定条件,可以参考与借鉴国外的制度安排与管理手段,进一步推进与完善公交特许经营制度。

结合上海现有特点,建议分两个阶段逐步完善线路经营权。第一阶段,用3~5年时间,逐步搭建科学合理的制度框架:通过体制机制创新,进一步理顺政府、企业、市场的责权利关系;建立完善风险共担和利益平衡机制,形成激励经营者提高服务质量和乘坐率的财政补贴机制,激发市场主体的竞争活力;建立完善以信息化为重点的考核与监管体系。第二阶段,用3~5年时间,基本建立符合公交线路经营权特点、体制机制保障与财政补贴相配套的高效、富有竞争力的企业经营格局,实现行业健康、可持续发展。

4.2 相关建议

从制度完善上,逐步构建与特许经营相适应的制度安排。深刻认识到政府管理职能的转变,明确政府在特许经营的定位。修订相关法律法规,通过合同方式,明确界定政府(授权方)与企业(被授权方)的权责利关系,包括合同期限与范围、服务标准与监督、服务变更的处理、定价与调整、应急方案、线路退出的处理、企业成本与利润管控、争端解决、风险分担等内容。在此基础上,按照合同内容,在法律框架下,有效约束政府与企业的行为。

一是研究探索"区域特许为主,线路特许为辅"的运营模式。目前,上海经过多轮公交改革,基本形成了"2＋7"的公交经营格局。在此基础上,在有关制度安排落实的前提下,可以参考香港、首尔等城市的做法,采用"区域特许为主,线路特许为辅"的混合模式进行局部的试点和探索,并逐步推广到全市。

二是依托第三方专业机构实施特许经营的授予与管理。以线路特许为例,全市上千条线路的单独测算与管理对有关部门有限的人力物力提出了严峻的挑战。可参考伦敦、首尔的做法,在政府部门下设专门提供特许经营咨询的机构或企业,授权实施线路或区域的设计与安排,并与特许经营企业签订合同。

三是推动实施企业多边决策机制。基于公交公益性与市场化的特性,政府有权在公交服务企业内部指定一定数量的额外董事,一方面,代表政府参与企业决策,维护政府和乘客的利益;另一方面,有权获取企业内部的材料与数据,强化企业监管。

四是突出信息化的全过程、全样本的监管。通过车载 GPS、站点感应装置、交通卡等数据源实现对每个车次、每个人次的全样本数据收集与处理。通过对基础数据的深度挖掘与处理,定期形成公交运营数据分析报告(包括客流、成本、服务评价等)。适时实施数据公开与共享,形成公众参与的监督机制。

五是确立科学合理的风险控制分摊机制。加强风险控制,根据不同的阶段和不同的风险类别采取针对性措施。明确合理风险分摊主体,划分清楚政府与企业间风险分摊的责任主体,以及处理的方式方法。建立风险争端协调机制,对于合同中没有明确风险分摊方案的,应该明确约定处理原则和争端解决机制。完善应急处置机制,制定应对突发事件的应急预案,确保事件发生后,最大限度地保障公共服务的正常提供。

上海农业旅游配套设施用地矛盾及解决对策

詹水芳

1 各级政府高度重视旅游农业的发展

近年来,农业部有关会议多次指出,要发展休闲农业,这让农民实现了对农业农村资源整体开发经营的夙愿,已经成为新时期拓宽农民就业增收渠道、引领农民发家致富的重要途径。

2014 年 10 月 18 日《农民日报》刊登的重要文章也指出,改革开放以来,我国休闲农业经历了萌芽、起步和全面发展的历史阶段。进入 21 世纪后,各地休闲农业呈现出产业规模日渐扩大、发展内涵不断提升,类型模式日趋丰富,发展方式逐步转变,综合效益同步提高的特点,形成了"发展加快、布局优化、质量提升、领域拓展"的良好态势。当前,进一步提高认识,顺势而为,扎实推进休闲农业发展,已经成为各级主管部门的一项重要任务。

《国务院发布关于促进旅游业改革发展的若干意见》(国发〔2014〕31 号)也把大力发展乡村旅游作为重要内容。李克强总理在国务院会议上的重要讲话中,也提出要"让群众能消费、敢消费、愿消费",并要"升级旅游休闲消费,落实职工带薪休假制度,实施乡村旅游富民工程"等。

2009 年上海市农委、市旅游局等六部门联合出台《关于加快推进本市农业旅游发展的若干政策意见》(即 167 号文),提出要逐步解决农家乐和农业旅游项目用地问题,通过先行先试,取得经验后逐步推广。2009 年上海市人民政府《市府专题会议纪要》明确指出,农家乐和农业旅游发展是新农村建设的载体、农民增收的渠道,市政府十分重视,要在组织化程度、经营场所安排等方面进一步加强。

可以说，目前从中央到地方各级政府，都已明确认定农业旅游为都市现代农业产业的一部分，是传统农业转型升级的重要途径，是需要大力扶持、加快发展的一个产业。

2 上海农业旅游发展现状

近年来，上海依托都市现代农业，积极拓展农业功能，围绕"城市让农业增效，农业为城市服务"的都市现代农业主题，推进农业旅游又好又快发展。截至 2013 年，上海已建成各类农业旅游景点 245 个，其中，年接待规模万人以上的农业旅游景点 96 个；年接待游客 2 019.34 万人次，涉农旅游总收入 13.63 亿元，其中，农副产品销售收入 6.2 亿元；解决农民就业 32 655 人。全市现有国家级农业旅游示范点 25 个；市农委、市旅游局共同推荐景点 38 个，世博观光农园 78 个，世博农家 70 多户。已有全国休闲农业与乡村旅游五星级景点 7 家，四星级景点 11 家，三星级景点 13 家。

从类型上划分，上海农业旅游可划分为以下 5 种类型：绿化林地景观旅游、农村传统民俗文化旅游、新农村建设农家乐、规模观光农业旅游、现代休闲农庄旅游。具体内涵如下：

绿化林地景观旅游。主要是以绿化及林地等自然景观为卖点，在城市近郊或风景区附近开辟景观廊道、步行走道、特色果园、菜园花圃等，让游客入内采果、摘菜、赏花、品茶，享受田园景观乐趣。

农村传统民俗文化旅游。利用农村特有的人文景观、民俗文化、民土风情，结合农业经营、生产和农家文化、生活方式，吸引外来旅游者，形成一种休闲旅游活动。

新农村建设农家乐。它是指农民利用自家院落以及依傍的田园风光、自然景点，以吃农家菜、住农家房、体验农民生活等方式吸引市民前来吃、住、游、玩、购的旅游形式。

规模观光农业旅游。通过设立规模化的菜、稻、果树等田园，也可以是在一定范围内运用现代科技与先进的农艺技术，建立现代化的农业设施，吸引游人参观体验。

现代休闲农庄旅游。主要是利用不同的农业资源,如森林、牧场、果园等,吸引游客前去度假休闲,开展农业体验、自然生态领略、垂钓、野味品尝、住宿、度假、游乐等各种观光、休闲度假旅游活动。

以上几种农村旅游类型虽然各有特色和差异,但并不是截然分隔的,它们有时是相互涵盖、互相交叉的,统一于农业旅游的大概念下。如现代休闲农庄旅游在某种程度上既包含了农村传统民俗文化旅游的部分内容,也有一些新农村建设农家乐旅游的部分内容。只是由于现代休闲农庄旅游具有自身的显著特色,所以单列出来作为一类。

3　上海农业旅游用地存在的问题及原因分析

3.1　存在问题

虽然近年来上海农业旅游取得了较快发展,但是在农业旅游经济发展过程中也遇到了许多困难和问题,如景点个性化不够、管理和服务水平不高、硬件设施不够完善或陈旧等。其中最困扰旅游农业发展的,是设施用地的矛盾。

3.1.1　配套设施用地缺乏土地指标

建设农业旅游点,一些配套服务设施是必不可少的,如停车场、连接景点的主干道、接待中心和必要会务设施、旅游点人员集散广场、土特产购物点、必要的娱乐活动设施、保绿、保洁工具间和公厕等。一些农业旅游项目因为进一步发展壮大,也需要更多的配套设施来提升景区的服务水平。但目前绝大部分景点的建筑物,包括办公接待用房、客房、餐厅、娱乐设施、购物场所等,都没有建筑用地证执照。有的只有"临时建筑执照",有的连"临时建筑执照"也没有。虽然其中的一部分是经乡镇乃至区县有关部门报批同意建造的,但都拿不出规土和建筑主管部门给出的建筑执照。这种情形下,投资风险巨大。

3.1.2　盘活存量用地没有土地使用权证

近年来,一些地方改造利用当地按政策关停转弃的养殖场棚舍等来建设农业旅游项目,如青浦区凯博农庄、四季百果园以及松江的涵养林旅游点等,然而这部分废弃的养殖场棚舍没有相关土地使用权证,改造利用这部分闲置养殖场棚舍建立农业旅游的相关配套设施同样被视为违规用地。这个问题在松江的旅游项目中表现比较突出。如松江泖港内的一个 36 亩的养猪场为了达到涵养林生态环境的保护要求,已经被要求关闭,但是现在养猪场地设施一直被闲置,即使有项目意向,由于土地无法转性,养猪场也无法利用起来。农民宅基地的置换问题也面临着这一问题。

3.1.3 配套服务设施用地结构配比没有标准

一般的农业旅游项目都需要停车场、连接景点的主干道、接待中心(包括餐饮、住宿)、会务设施、旅游点人员集散广场、购物中心、必要的娱乐活动设施、绿地、保洁工具间和公厕等。一些特色的农业文化旅游项目可能还需要展览展示中心等。但是不同的旅游项目各种设施应该有一个合理的配比,比如,餐饮应该占比多少合理;有多少公厕比较合理,面积配比多少等,目前并没有相关规定。用地标准、配比标准不明确直接导致了很多农业旅游项目用地的不规范和不合理,因此,对于农业旅游设施用地标准的出台也十分紧迫。

3.2 原因分析

近年来,上海农业旅游出现了一个非常矛盾的现象。一方面,市场有需求,市民想出游,倒逼农业旅游发展迅速;另一方面,因无用地指标,限制了农业旅游发展,并出现了较为普遍的用地"违规""违法"现象。造成这一矛盾的主要原因包括以下几个方面:

其一,2005 年以来,上海市、区两级政府积极引导支持农业旅游适度发展、科学发展,出台了一系列鼓励政策。尤其是 2009 年以来,市农委联合市旅游局、市规土局、市财政局、市地税局、市工商局等下发了《关于加快推进本市农业旅游发展的若干政策意见》,即市农委 167 号文,吸引了大量社会资金涌入农业旅游产业发展。

其二,为盘活乡镇、村办企业因转型、倒闭造成的闲置厂房、仓库,在重新开发利用时,大多用作农业旅游,而相关手续并没有及时跟进。

其三,为应对当时上海世博会、长江隧桥开通带来的大客流,亟需增加观光点和客房数,遵照市委、市政府的要求,各行各业纷纷献计出力,许多农业旅游景点也积极与国资大企业主动对接,投资新农村建设,践行"工业反哺农业,城市支持农村"的国家战略,一批新建、扩建的农家乐应运而生。

其四,由于农业旅游没有对应用地政策和解决渠道,牵头部门也无法与规土部门积极争取制定相关扶持政策,因而在实践探索中"各行其是",各区各异,故不同程度上存在发展"后遗症"。

其五,农业旅游景点企业的投资者和经营者大多为农民,或从其他行业转至农业,其战略决策能力、法制意识等都存在一定程度的不足。

因为被视为"违章建筑",从2014年上半年起,有关部门对一些农业旅游景点进行了"整治拆违"。目前"拆违"的范围主要集中在闵行、奉贤和浦东新区,其他区县也将全面展开。需要指出的是,有些被拆景点是经过报批手续同意建造的。

4 合理解决景点设施建设用地矛盾的对策和建议

加大对各类违法用地的整治力度是必要的,但对农业旅游的"违规""违法"用地,不宜采用简单的"一刀切"拆除的办法,而应区别情况妥善处理,以不拆、少拆,尽量引导投资和经营者在规定时限内补办用地手续为好。

4.1 高度重视农业旅游的地位和作用

农业旅游不仅是农业,也不仅仅是旅游业,而是农业与旅游两种产业的融合,能促进本市传统农业向都市型现代农业转型,有效提升农业和旅游业的附加值,降低传统农业的能耗、水耗,从而推进上海经济发展方式的转变。因此,农业旅游不仅是都市现代农业的重要组成部分,也是促进上海转型发展的重要产业。未来农业旅游的主战场就是纯农地区,与国际大都市的地位相适应,上海农业旅游发展必须品牌化、企业化,要有市场投入,更需要一定的建设用地指标加以保障。

4.2 解决农业旅游用地指标并严格规范用地手续,使景点配套设施建设用地规范化、合法化,这也是杜绝"违规""违法"用地的根本之道

建议由政府发文明确认定,农业旅游是都市现代农业的重要组成部分,是促进上海转型发展的重要产业,享有政府强农惠农的一系列政策;同时,由于其有别于一般农业产业的特殊性(如需要有"吃、住、行、游、娱、购"相关的配套设施,否则无法存续和发展),故应在用地、税收、资金等方面享受比一般农业产业更多的优惠。

农业上蔬菜、粮田、畜牧、水产、加工等产业均有一定比例的用地指标,用于建设库房等基础设施。而农业旅游作为农业产业之一,至今还没有用地指标。建议市政府有关部门对农业旅游配套设施用地指标做出专门规定,明确农业旅游作为农业产业之一,给予一定比例的设施用地指标,指定用于建造餐厅、客房、会议室、厕所、道路等配套设施,指标额度一般不低于占地规模的 3%。

其实,国家对农业旅游建设用地是有过相关规定的。如 2010 年 10 月,国土资源部、农业部发布的《关于完善设施农用地管理有关问题的通知》(国土资发〔2010〕155 号)文中明确指出:"休闲农业与乡村旅游不得建永久性建筑",其实也是在暗示"可以建临时性建筑"。在国土资发〔2014〕127 号文界定设施农用地范围时,也把它具体划分为 3 类,即生产设施用地、附属设施用地以及配套设施用地。其中的配套设施用地,就包括"以农业为依托的休闲观光度假场所、各类庄园、酒庄、农家乐;以及各类农业园区中涉及建设永久性餐饮、住宿、会议、大型停车场、工厂化农产品加工、展销等用地",只是这类用地必须依法依规按建设用地进行管理。

2009 年 7 月,市农委、旅游局、财政局、地税局、工商局和规土局,曾以〔2009〕167 号文形式,共同出台了《关于加快推进本市农业旅游发展的若干政策意见》,提出要在符合土地利用总体规划和村庄规划的前提下,逐步解决农家乐等农业旅游项目用地问题。只是由于没有实施细则,使这一给农业旅游设施用地带来曙光的重要文件没能真正落地。建议结合这些年农业旅游发展的现实情况,尽快出台实施细则,使政策落地。

农业旅游配套设施用地来源,建议一是通过盘活既有农村集体建设用地存量解决,包括改造利用按政策"关、停、并、转"的各类闲置养殖场和农民宅基地置换等。首先承认此类用地为既有存量农村建设用地,然后补办相关用地手续。二是按发展农业旅游规划和农业旅游项目建设用地标准,明确列入市、各区县新增农村设施用地计划,每年争取解决一部分。三是调整上海建设用地结构,逐步加大农业旅游用地的比重。

用于农业旅游配套设施用地,应严格规范用地手续。一是要签订用地协议。内容包括项目名称、建设地点、设施类型和用途、数量、标准以及用地规模等,并与乡镇政府和农村集体经济组织协商土地使用年限、用途、复耕要求及时限、土地交还和违约责任等。经公示无异议后,由乡镇政府、农村集体经济组织和经营者三方签订用地协议。涉及土地承包经营权流转的,还需依法先行与承包农户签订流转合同。二是要有用地协议备案。用地协议签订后,乡镇政府应按要求及时将用地协议与设施建设方案报区县级国土资源部门和农业部门备案,不符合设施农用地有关规定的,一律不得动工建设。

4.3　对无用地指标的已有建筑设施,应区别不同情况处理

整治违规、违法用地,必须疏堵结合,分类管理。

对在国家加大宏观调控前(2005 年 10 月)已建在建项目,并经政府部门报批同意的,原则上不予拆除,也不要采取简单关闭、歇业等做法,但须在 1 年内办妥用地手续;逾期不能办出的,可予以拆除,同时,并处建筑设施投资额的 10% 以下罚款。

对景点内设施超出报批面积的部分,可予以拆除。同时,并处超出面积部分投资额的 20% 以下罚款。

对未经任何报批手续,擅自搭建的建筑设施;或报批时用于农业旅游项目,实际改变用途的设施(如建造商品房、私人会所等);或经济效益和社会效益明显低下,群众反映意见集中的,则一律给予拆除。

一些兄弟省市的做法也可借鉴。如浙江省余杭地区,在整治违法用地时采取了"三个一批",即拆掉一批效益差、无任何手续的景点;保留一批办过手续、有"临

建"证、目前效益不理想但有成长性的景点,以保护既有生产力,不浪费财富;解决一批有报批手续、效益好、成长健康的景点的用地指标。他们还在做好规划的前提下,结合村庄改造,把农民的老房子保留下来,通过村民入股和与工商资本结合的办法,将村子(包括闲置学校、厂房等)统一改造成农家乐或特色村,这样就不占用土地指标。

4.4 解决发展农业旅游的其他相关问题

解决发展农业旅游的其他相关问题包括:

其一,农业旅游设施用地应向规模经营集中方向努力,鼓励农业旅游设施用地的高效整合和复合化利用。在规范、安全、卫生的前提下,要考虑到功能相近设施的复合化利用,如停车场可兼作集散广场等;鼓励配套设施建设多利用土、木结构;鼓励停车场、道路等运用透水砖,减少土地硬化率,尽量不破坏耕作层,保护生态环境,最大限度地复合化利用土地。

其二,给予农业旅游产业税收优惠政策。农业旅游景点虽然是农业延伸产业,但因其"接二连三"的特殊性,不光提供市民休闲采摘游玩,还要提供吃、住等一系列服务,而服务业的税收又较高,故建议对本市农业旅游景点税收实行减免政策,减征或免征企业所得税等。可以享受相应级别的农业产业化龙头企业的优惠政策和待遇。

其三,统一办理相关证照,解决办证难问题。目前,本市农业旅游景点通过征用取得的土地极少,因而极大部分用地都是农业用地,建筑设施均属于临时建筑,有的甚至是违章建筑。没有房产等相关证明,就无法办理卫生、消防等景点发展必需的证照。建议由市农委牵头,对景点须办理的相关证照进行统一核准、统一办证、统一管理。

专题三

新经济新动能与能源发展

分享经济：新理念　新模式　新对策

张　苑

1　分享经济的概念、特征与模式

分享经济（sharing economy），也被称为点对点经济（peer to peer economy）或协同消费（collaborative consumption），最早由美国得克萨斯州立大学社会学教授马库斯·费尔逊（Marcus Felson）和伊利诺伊大学社会学教授琼·L.斯潘思（Joe. L.Spaeth）于 1978 年发表的论文《社区结构和协作消费：日常活动方法》中提出。2008 年金融危机发生之后，出于对经济下滑的担忧和降低成本的需求，分享经济被广泛传播和接受。尤其是 2011 年 12 月 Sara Horowitz 在《哈佛商业评论》上发表《分享经济是一场静悄悄的革命》以来，"分享经济"在国外媒体和学术界上被频频讨论。随着互联网经济的进一步深入和发展，分享经济也开始在中国散播、萌芽。2015 年，"滴滴专车""小猪短租"等分享经济新模式在国内掀起行业热潮，引发消费者、业界和监管层的广泛关注。

1.1　分享经济的概念和构成要素

分享经济理论的早期提出者费尔逊和斯潘思认为，分享经济是由第三方创建网络平台，个体借助这些平台，交换闲置物品，并分享经验知识，或者向企业、某个创新项目筹集资金的一种生活方式。在这种模式下，个体和群体都可以同时成为生产者和消费者，拥有创造价值的能力。美国学者雷切尔·波茨曼（Rachel Bots-man）和鲁·罗杰斯（Roo Rogers）在《我的就是你的：协同消费的崛起》一书中，将协同消费定义为一种在高科技背景下，人们大规模地迅速地向"租用""交换""分享"等形式转变的消费方式。分享经济的实践者 Benita Matofska 认为分享经济是一个建立在人与物质资料分享基础上的社会经济生态系统,包括不同人或组织之间对生产资料、产品、分销渠道、处于交易或消费过程中的商品和服务的分享。这个系统有多种形态,一般需要使用信息技术赋予个人、法人、非营利性组织以冗余物品或服务分享、分配和再使用的信息。本研究认为分享经济是以社交网络、智能手机应用、移动终端、云计算等互联网技术为平台,以共同兴趣或互惠利益为纽带,通过提供事物的所有权或使用渠道,从而实现合作或互利的一种新经济范式。

分享经济一种以人为本、可持续发展的经济社会运行系统,包括参与者、生产过程、价值和交易系统、分配、能力、法律、文化及环境等构成要素(见图 1 和表 1)。由此可见,分享经济不仅是通过"互联网＋""合作生产""合作消费"提高资源利用效率的新方法,也是个体和群体共同创造价值、传递价值、分享价值的新模式,更是有效带动大众创造新商业模式和生活方式的新思维。

资料来源:艾瑞咨询。

图 1　**分享经济生态系统**

表1　分享经济构成要素一览

构成要素	主　要　作　用
参与者	人是分享经济的核心。参与者(个人、社团、企业、组织、联盟等组织形态)对这个分享系统做出贡献,并从中获益。在这个系统中,人权受到尊重并被保护。人不仅是产品和服务的供给者,也是创造者、协作者、生产者、合作生产者、分配者和再分配者。在分享经济的商业模式中,企业主、雇员和消费者都得到充分重视,他们的想法和观点受到尊重并被融入具体的企业运营过程
生产过程	生产对于参与者是开放的。信息技术和互联网使产品跨地域的协同开发可实现。在分享经济中,由于参与者的社会责任感很强烈,会尽量选择对环境有正向影响或较小影响的生产方式
价值和交易系统	分享经济是一种分布式经济,价值不只以财务价值的方式体现,经济的、环境的、社会的价值也同等重要。这个系统允许多种流通货币、区域货币、时间银行、社会投资和社会资本等。分享经济采用物质或非物质的方式激励人们对资源进行有效利用。这种分布式激励系统鼓励人们积极参与到有益的社会活动中去,使闲置资源获得重新分配或重新利用
分配	所有权分享促使资产在全社会范围内公平分配。社会组织形式、法律制度也从一定程度上保障资源在全社会范围内公平、高效、自由地进行分配。闲置资源可以通过交易或再分配被利用起来,这种高效利用闲置资源的方式组成了有效、公平、闭环的资源循环利用系统。在商品的生命周期内对其进行回收、改造或分享。闲置资源通过信息技术手段会被及时发现,并被重新利用
能力	参与者以经济有效的、社交化的方式生活,借助信息技术也赋予参与者对资源进行重分配的能力,有助于形成一个开放、分享、分布式的民主决策过程,也有助于在区域、国家和全球层面形成一个开放、分享、分布式的政治管理体系
文化	分享经济提倡"主人翁"文化,健康、快乐、信任和可持续性是分享经济的显著文化特性。分享的文化在不同领域、地域、经济环境、性别、种族和宗教间盛行。参与者尊重多样性,并致力于促进不同团体间的合作。分享和合作被视为连接各阶层不同团体间的重要环节。企业文化建立在高效使用资源的合作型企业文化的基础上
法律	法律的制定机制是民主、公开、公平参与的。规则、政策、法律和标准通过民主系统制定。这个民主的系统最大限度地鼓励各个阶层的参与者参与民主政治。法律和行政政策支持并鼓励居民间、企业间的分享行为,如汽车分享、P2P借贷以及各种形式的资源分享。法律、政策、社会结构、基础设施形成一个以保险、信任、社会评分、声誉资产为基础的庞大体系
环境	参与者对资源的价值创造、生产、分配以协同、增效、和谐的方式进行,而不是以破坏环境获得人类繁荣为结果。通过对资源进行分享、重复利用、减少浪费,以减少对环境的破坏或给环境带来积极的影响

资料来源:What is the Sharing Economy?（Benita Matofska）。

1.2　分享经济的基本特征

分享经济的基本特征包括以下几个方面:

第一，以人为本是理念核心。分享经济归根究底是人的经济，它在人与人之间、人与企业之间、企业与企业之间，就各自需求及可能做出的贡献建立了便捷的信息沟通渠道，将所有者的闲置资源频繁易手，重复转让给其他社会成员使用，尽可能实现资源利用最大化，从而使经济社会的边际成本不断降低，甚至可能出现零边际成本，进而实现个体的福利提升和社会整体的可持续发展。

第二，高速发展的互联网技术是发展平台。互联网技术降低了分享经济的交易成本，使分享资产的费用更低廉，方式更快捷，因此可以大规模推广。互联网诞生之前，人们也可以租用冲浪板、电动工具或车位，但通常都过于麻烦。如今，诸如 Airbnb、RelayRides 和 SnapGoods 等网站给所有者和租赁人结对；有 GPS 的智能手机让大家看到最近的可供租赁的汽车停放在什么地方；社交网络提供了相互调查和建立信任的途径；网上支付系统解决了付费问题。

第三，闲置资源使用权的暂时性转移是本质。分享经济将个体所拥有的资源作为一种沉没成本的闲置资源进行社会化利用，倡导"租"而不是"买"，从而实现所有权和使用权的分离。物品或服务的需求者通过共享平台暂时地从供给者那里获得使用权，以相对于购置而言较低的成本完成使用目标后再移转给其所有者。分享经济从观念上推动人际关系以实现结构性转变，即从产权观念向共享观念转变。

第四，对闲置资源的分时、异空利用开发是价值体现。所谓的闲置资源，即旧有分配系统效率不足以覆盖的资源。目前，分享经济模式大多是通过更有效率的机器系统取代传统的人力分配系统。比如，打车软件根据用户的位置等信息由 IT 系统来决定坐哪辆出租车，提高了信息透明度，降低了不确定性，获得效率提升；家政软件由 IT 系统取代人力中介给小时工排班。从这个角度看，在存在人力分配的领域，分享经济模式就有用武之地。而能否让新系统比之前的旧分配系统更有效率，也是分享经济模式应用于具体领域能否成功的一个标准。

第五，信任是发展基石。分享经济在陌生的个体之间通过第三方网络平台进行物品交换。因此，除了网络这一基础条件外，信任是实现共享经济的另一个基本条件。正是这个平台,为共享经济群体的个体建立了相互有效的、值得信任的关系。

1.3　分享经济的主要模式

第一,基于共享和租赁的产品服务,即同一所有者掌控下的特定物品在不同需求者间实现使用权移转,比如拼车网、房屋交换网。消费者能以低于购买商品的费用来共享或租用私人所有的商品,而无需考虑任何保养、保修等问题。所有权仍然属于供给方,而非需求方消费者。

第二,基于二手产品的再流通,即同一物品在不同需求者间依次实现所有权移转。其特点类似于现实商务世界中的跳蚤市场,由于互联网的广泛应用,以及网络购买平台的发展,二手买卖的发展也从某种程度上改变了人们的消费习惯,那些闲置的物品不是被扔掉,而是被拿去进行二次交易。用户可以选择不丢弃某个特定的商品,而是将它再次出售换取现金、免费赠送给别人或是和他人交换其他利益。

第三,基于资产和技能共享的协同生活方式,即时间、知识和技能等无形资产的分享。拥有相同兴趣爱好的人可以对时间、技能、空间甚至资金,进行分享和交换,如成本低、浪费少地共享办公场地、机器设备等。此外,这种形式还包括一方利用闲暇时间为另一方提供任务众包、技能分享等形式。

2　全球分享经济发展趋势与经验借鉴

2008 年 8 月,在线短租公司 Airbnb 在美国旧金山成立,拉开了分享经济高速发展的大幕。借助互联网浪潮,分享经济迅速向 190 多个国家扩张,并在经济社会各个领域遍地开花,其发展中的经验教训值得认真学习借鉴。

2.1　全球分享经济发展趋势

第一,创新业务日趋丰富。从发展趋势来观察,分享经济不只是一个经济学概念,它还将成为重组和推动经济与社会发展的一种新型协作形式。分享经济所涉及的业务范围早已远远超出 Airbnb 和优步(Uber)为代表的住宿和交通领域，并且还在不断加快与传统行业的融合再造，创新业务层出不穷(见表2)，带来巨大创新活力。

表2　分享经济创新业务及代表企业概览

行业领域	代表公司	创 新 业 务
交通	优步	将乘客和雇用司机连接起来的移动 APP
	Lyft	帮助通勤者和他们的朋友、同学、同事共乘
	Zipcar	线上汽车共享俱乐部，用户可以预订按时计费或按天计费的汽车
	RidePal	为个人和公司提供共享的、WI-FI 覆盖的通勤巴士
	BIXI	出租自行车和出租车
	Board a Boat	线上点对点出租轮船的平台
	Netjets	闲置私人飞机租赁平台
	PROP	闲置游艇租赁平台
住宿旅游	Airbnb	在世界范围内帮助人们发现和租赁旅行房屋的网上社区平台
	Vayable	提供网上平台让人们买卖独特的旅行经历、活动和拓展旅行
	LoungeBuddy	唯一一个能够在全世界让旅行者进入机场休息室的平台
	Parcelio	致力于充分利用旅行者多余的行囊空间递送包裹
餐饮	Feastly	联结厨师和食客的平台
	Fluc	世界上首家食品社交公司，消费者可以查询、发现和购买刚做好的新鲜食品
	Munchery	提供当日食品递送服务
	BrewDrop	本地酒水递送 APP
服饰	RenttheRunway	闲置礼服租赁平台
	PoshMark	二手服装交易平台
专业服务	TaskRabbit	周边工作和任务外包平台
	oDesk	寻找和雇用专家平台
健身美容	Fitmob	基于社区的健身平台
	Zeel	在线预约到家的按摩服务平台

资料来源：根据公开资料整理。

第二，商业前景日趋广阔。从市场发展来看，分享经济的龙头企业 Airbnb 在全球已拥有超过30万处房源，覆盖192个国家、3.4万个城市，营业收入已达近1

亿美元。市场调研公司奥特米特集团(Altimeter Group)2013 年提供的数据显示,近年来新兴的分享经济浪潮已催生出 200 余家新企业,并得到 20 亿美元风险资本的注资。全球最大的管理咨询公司埃森哲(Accenture)2014 年初的一项调查显示,2013 年分享经济的贸易总额超过 2 660 亿欧元。据资本实验室统计,2014 年度全球租车/共享、二手电商、物品租赁服务这 3 个分享经济市场风险投资事件 135 起,披露交易额 67 亿美元(见图 2)。

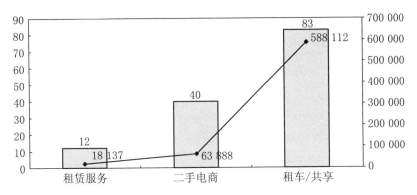

资料来源:资本实验室。

图 2 2014 年分享经济领域风险投资分布

第三,商业模式趋于向更加深化的 O2O(Online to Offline)和 N2E(No boundary fission e-business to Everyone 无边界裂变电商)。尽管目前的分享经济由 P2P 市场所统治,但 O2O 和 N2E 企业数量正在稳定增长,并通过融合创新,快速拓展业务范围(见表 3)。通过简化企业共享资源,企业可专注于质量和用户体验,低成本高效运行,快速应对市场变化。

第四,目标人群趋于向中产阶层定位。以分享和租赁服装、电子产品、小型家电为起点的分享经济在美国迅速崛起,尤其吸引着美国 7 700 万的千禧一代(泛指出生于 1980—2000 年的人)。普华永道的报告指出,千禧一代是最热衷于分享的群体,占总人群的 40%。调研公司 Crowd Companies 在针对美国、加拿大和英国的 9 万名消费者的调查中也显示,超过 40% 的人都支持分享经济发展。使用分享平台的用户中,接近一半为"千禧一代"。随着这一代人成长为中产阶

表 3　分享经济 B2B 商业模式代表企业一览

行业领域	代表公司	创 新 业 务
机械设备	Yard Club	将建筑公司和承建商那里闲置的推土机、挖掘机、反铲机等重型机械设备出租,在帮助前者获得额外收入的同时,也帮助需要不经常使用这些设备的小公司省去了一笔不小的投入
办公场所 (及相关配套资源)	WeWork	低价为创业者提供办公场地和创业社区服务(250 美元/月),并营造类似孵化器的创业社区
无形资产 (包括知识产权、 品牌资产、 独特领域专长等)	HourlyNerd	为中小企业等客户提供按需定制的咨询服务,已成为(麦肯锡、波士顿、贝恩)"三大"以外的上佳选择
	The Wine Foundry	为不拥有葡萄园的酿酒商们提供一站式服务,包括果品采购、标签设计、工具提供以及定制酒品生产等
	Crowdsource	以众包模式帮助企业临时雇用一定规模的专业技术员工完成生产,并交付相关解决方案
无边界供应链	Floow2	在供应链的各个方面帮助企业提高效率和可持续性。通过和 Floow2 合作,企业可以分享其所有资产,包括机器、火车、工人、办公用品等

资料来源:根据公开资料整理。

层,分享型服务将会获得更多用户,并为满足中产阶层需求不断改进服务和产品。英国《经济学人》预计,未来十年,分享经济会跃升为新中产阶层生产与消费的主流。

2.2　国外分享经济发展经验借鉴

第一,较完善的网络基础设施和移动互联技术是分享经济发展的基础。在分享经济的发源地美国,投入数十亿美元的宽带发展战略不仅使互联网用户大幅增加,并且催生移动支付、移动社交等移动互联技术快速发展。IDC 的最新报告显示,在互联网用户从 PC 到移动设备转换的趋势中,美国领先于其他国家,西欧和日本大约落后美国 2 年。Airbnb、优步等分享经济企业诞生于移动互联技术之上,并依靠脸书(Facebook)、领英(Linkedin)等实名制社交网站提供信用保障(Airbnb 只有两种注册方式:一种是用脸书账号注册,二是用邮箱注册;并推出"Airbnb Social Connections"过滤功能,专门给用户提供房客对社交圈内房东的查找。比如,当脸书好友个数达到 150—200 个时,会选择相信这个人的脸书实名身份是真实的,租房比较可靠。如果这个房东的领英被绑定,他的可信度也会大大增加),从而发展壮大的。

第二,较为宽松的监管环境和极大的经济自由度是分享经济发展的关键。尽管分享经济在美国和欧洲也碰到政府监管的问题,但许多地方政府普遍抱以较为宽容的态度,特别是硅谷所在地加州。在美国已经有 22 个州、市(包括芝加哥、西雅图、加州、华盛顿特区等)通过永久性立法,支持拼车共乘在当地作为一种交通方式,并且这个数目在继续增加。荷兰表示将出台更多技术中立的法律,以保障分享经济在荷兰的创新活力。美国和欧盟经济自由度非常高,市场应对新经济模式冲击的能力较强,资源配置可以快速调整,一定程度上降低了对分享经济发展的阻力。

第三,较成熟的信用体系及保险行业创新是分享经济发展的保障。英国、美国、荷兰等发达国家的个人征信体系较为完善,包括银行、消费、守法等多维信息,并将个人的网络行为也纳入征信体系范围,是共享经济发展强有力的保障。比如,英国政府推出利用现有的认证系统 GOV.UK Verify 来为分享经济服务进行认证,同时向共享经济平台开放电子化的犯罪记录检查,并降低开放的门槛和费用。又比如,Airbnb 采用对用户双层身份核实机制,一层是通过生活中常用的身份证明,另外一层就是用户的网络身份证明,同时在旅行结束以后屋主和旅客还会互相评分来确保住宿的质量和旅行中的体验。此外,分享经济企业还和保险业合作,推出适合分享经济特点的保险。比如,Airbnb 在服务内整合了房主保险(homeowners insurance)以及房东保障险(host-protection insurance);优步和 Lyft 都将其责任保险范围扩大到覆盖打车业务;TaskRabbit 这样的跑腿公司也设置了涵盖财产损失的保险政策,以减少相信陌生人的心理障碍等。

3　我国分享经济发展的现状和瓶颈

分享经济具有生态环保、低廉高效、创新性强等优势,该模式一进入我国,就受到创业者、用户和投资界的青睐,发展速度十分惊人。

3.1　我国分享经济发展的现状

从发展现状看,我国分享经济主要呈现以下几个特点:

第一,发展规模迅速壮大。和美国相似,在线短租和在线租车是我国分享经济中发展最快的行业。我国在线短租启动于 2011 年,2012 年即进入在线短租市场的爆发年,市场交易规模达到 1.4 亿元,增长约 18 倍。2013 年是在线短租市场的黄金之年,短租交易迅猛发展,进入了一个全新的阶段。在线租车也经历了较为快速的发展,虽然多地出台文件将专车定为非法,但中国国际金融有限公司仍认为,在线租车可能会对出租车行业进行颠覆,中国潜在的在线租车市场规模达4 205 亿元。罗兰贝格数据则显示,中国在线租车市场规模从 2008 年的 10 亿元增至 2013 年的 60 亿元,年复合增长率 32％。到 2018 年,在线租车市场规模将达到 180 亿元。

第二,发展范围快速扩大。我国分享经济已不再局限于在线短租和在线租车,创新业务领域迅速扩张,在许多领域出现了和美国类似的代表企业,同时也诞生了 WiFi 万能钥匙等具有中国特色的分享经济企业(见表 4)。

表 4　我国分享经济主要领域及代表企业

行业领域	美　国	中　国
在线短租	Airbnb	小猪短租、途家
在线租车	Uber	易到用车、滴滴专车
在线健身	ClassPass	全城热练
在线美容美发	StyleSeat	放心美
在线餐饮	Feastly	觅食
网络热点共享	无	WiFi 万能钥匙
餐饮 O2O	Delivery Hero	饿了么

资料来源:根据公开信息整理。

第三,发展潜力十分巨大。近年来,我国在网络基础设施上的投入逐年增大,互联网普及率大幅提升。CNNIC 数据显示,截至 2014 年 12 月,中国网民规模达到 6.49 亿人,互联网普及率为 47.9％,这为分享经济发展提供了良好的技术基础。同时,大众创业和万众创新激发新一轮创新创业活力,为分享经济发展提供了巨大空间。在 2015 年度达沃斯夏季论坛中,李克强总理指出,中国大众创业和万众创新是发展分享经济的重要推手。此外,我国央行正式批准芝麻信用、腾讯征信等 8 家机构开展个人征信工作,为分享经济的信用体系建设创造了难得机遇。

3.2 我国分享经济发展的瓶颈

由于我国与国外分享经济起步时间相距较短,因此,我国与国外分享经济发展面临的困难和问题十分相似。

第一,法律主体模糊不清。分享经济的参与主体包括中介平台、供给方、需求方,中介平台常常以促成交易为目的而忽视甚至逃避对于交易所负担的责任和义务,分享经济的供给方也可能同时是需求方,这种新型的法律关系在现有法律体制内难以界定,导致主体在交易中的权利义务责任界定模糊。

第二,交易安全难以保障。由于是新出现的经济模式,工商、交通等部门对分享经济平台企业难以设置准入门槛约束,中介平台难以负担交易监管和安全保障义务。供给方和需求方之间的关系也难以用现有的消费者权益保护法加以规制,供给方和需求方的知情权、隐私权、公平交易权、安全保障权以及求偿权等都难以得到周全保护。

第三,现有市场秩序受到冲击。分享经济交易直接破坏了现有市场的交易秩序,如具有投入资源少、成本低的特点,从而在与竞争对手的交易中占有明显优势;交易简洁、隐蔽,从而可能逃避税收、管理费用、减损劳动保护条件等,并使得对于交易主体、交易内容和交易行为的监管变得困难。

4 上海发展分享经济的主要对策

盛大、九城、土豆网等已上市的上海本土企业,为中国互联网的第一波创业浪潮提供了创新和盈利模式。随着移动互联网大爆发,WiFi 万能钥匙、"饿了么"等一批优秀的上海本土企业成为分享经济领域的开拓者。虽然从体量上还不能和淘宝等互联网巨头比肩,但其发展前景广阔,将成为上海建设全球科技创新中心的重要推动力量，必须予以重视，并出台相应举措鼓励其健康发展。

4.1 加大对分享经济创新的扶持力度

支持由民间资本设立创新实验室，为分享经济提供资金支持，促进分享经济企业和平台互相借鉴学习。更新政府采购架构，将分享经济平台纳入政府采购体系。比如，除了传统的宾馆、火车、出租车之外，让拼车和短租房等分享经济也进入这一体系。加快制定分享经济纳税指导意见，立足分享经济的公共性及其对可持续发展的积极价值，通过低税率设计、提高起征点等形式，对分享型交易采取税收优惠。

4.2 建立多利益相关方参与的开放型分享经济治理体系

正确应对互联网不断深入发展背景下的新生事物，采用疏而不堵的方式迎接分享经济的发展。鼓励政府、商界、民间人士建立多利益相关方参与的分享经济治理体系，尽快联合相关经济主体和专家学者共同研讨分享经济的发展现状并进行利弊评估，寻找发展与规范分享经济及其具体应用的思路和方法，在风险可控的基础上建立探索和容错机制，以"负面清单"等方式保持政府最低限度的必要干预，以市场机制促进市场、净化市场，从而实现市场治理。

4.3 加快制定技术中立原则的分享经济制度体系

分享经济发展已超出了传统法律的范围，传统法律制度并不能解决新兴交易形态的所有问题，需要制定专门法律或对传统法律在该领域的适用进行调整，以保护相关当事方利益，促进新型交易形态发展。要从全局角度通过废、立、改等方式改造现有分享经济法律规范，建立更加完善、具体的分享经济参与主体法律地位、行为约束、权利义务、救济方式以及分享经济客体等规范条文。针对目前发展较快的住房、汽车、劳务等分享经济领域，尽快加强制度规范建设，规范对中介平台等互联网企业的准入退出、风险控制、保证责任等监管，完善对交易主体的权利保障。

4.4　加快推出基于分享经济特点的监管方式创新

以"法无禁止即无罪"原则,允许分享经济企业在非法律禁止的范围内发展。创新建立"合作监管＋自律监管"混合规制监管模式,鼓励分享经济企业和平台与信用评估公司、诚信信息服务提供商、诚信体系服务商以及保险公司开展合作,完善企业的风险防控体系,保障用户的合法权益。鼓励平台和企业向监管部门共享用户数据和运营数据,运用大数据手段以及来自消费者的反馈,针对目前分享经济发展出现的问题和存在的隐患建立相应的监管规则,促成适应新形势下的行业规则。鼓励第三方监管行业发展,共同降低行业运营管理的风险,规范分享经济发展,实现政府管理监管与社会创新的良性互动。

4.5　加快分享经济信用平台建设

加快培育专业的信用服务公司,构建用户信用评级系统,通过跟踪用户点评分享经济应用及供需双方交易效果评价的数据记录,为第三方对共享网站及其客户提供信用评级服务。推动官方媒体介入信用体系建设,对分享经济交易中的诚信者和欺诈者进行媒体公告,以失信惩戒制约交易中的欺诈行为发生。加快分享经济行业管理协会等自律组织的组建,通过制定行业自律规则、加强行业道德建设等方式规范分享经济的细分行业,倡导行业合法诚信经营。加快建设个人信用体系和企业组织信用体系,以构建一套全社会统一有机信用系统的方式,打通不同信用评价系统连接通道。加强社会信用教育,从道德层面降低社会信用成本。

参考文献

[1]《"分享经济"时代来临?》,http://www.ftchinese.com/story/001052575,2014-09-22。

[2]《2013 汉诺威消费电子信息及通信博览会——数字产业的王牌盛典》,http://mobile.163.com/13/0110/21/8KSTLMK0001165GK.html,2013-09-22。

[3]《我国移动互联网用户数达 8.38 亿》,http://news.sina.com.cn/m/2014-06-12/110530346041.shtml,2014-06-12。

[4]罗赟:《移动互联网与分享经济大潮》,《中国信息化》2014 年第 2 期。

[5]《下一波旅游 O2O 大潮是分享经济吗?》,http://news.mydrivers.com/1/356/356221.

html，2014-06-12。

［6］姜奇平：《为什么是分享型经济？》，《互联网周刊》2013 年第 2 期。

［7］尹明仁：《宝驾租车引领汽车共享模式》，http://www.chinafen.cn/a/caijing/20150103/963.html，2015-01-03。

［8］豆瑞星：《分享经济：国内国外的联动》，《互联网周刊》2013 年第 2 期。

［9］《Uber 在西班牙被禁止运营将提起上诉》，http://www.traveldaily.cn/article/87767.html，2015-01-01。

［10］黄渊普：《分享型经济的千亿盛宴遇中国式难题》，http://huangyuanpu.baijia.baidu.com/article/2888.html，2014-1-17。

［11］《美国"滴滴"与政府多交恶，前财长支招分享经济》，http://www.aiweibang.com/yuedu/5672163.html，2014-12-09。

［12］《滴滴专车被禁：政府不做社会创新的窘境》，http://tech.comnews.cn/kjtt/2015-01-03/34080.html，2014-12-09。

［13］Benita Matofska，"What is the Sharing Economy?"，http://www.thepeoplewhoshare.com/blog/what-is-the-sharing-economy/.

上海"十三五"时期能源发展的若干判断与初步思考

黄　玥

2015年是我国新一轮五年规划的编制年。与"十二五"时期相比,"十三五"期间上海所处的经济社会发展阶段有了显著不同,面临的国内外发展环境、自身发展基础和社会对能源发展的诉求都已发生了巨大变化。在此背景下,作为支撑城市经济社会发展的基础与保障,"十三五"期间上海能源发展规划需要准确把握新常态下能源发展的新特征,并在国家推动能源革命的新要求下,突破传统发展瓶颈,寻求未来的发展机遇。

1 "十三五"时期上海能源发展的外部形势

近几年,上海能源发展的外部环境发生了重大变化。从国际层面看,在经济、政治和技术等多重因素影响下,未来几年世界能源需求增长趋缓,年均增速预计将从前十年的2.3%下降到1.5%(IEA预测),能源发展总体态势相对稳定,供需矛盾相对缓和;但在这一相对平稳的发展态势下却孕育着新一轮能源变革和政治博弈的不确定性,非常规油气和新能源新技术的开发应用推动全球能源供应格局加快调整,经济因素和政治博弈叠加推动国际油价持续探底,跨领域的技术融合和信息化的加速渗透将带来能源发展的巨大变革。

1.1 未来一段时期内全球能源供需矛盾不突出

随着全球能源需求增速放缓和能源供应能力的大幅提升,"十三五"时期全球能源供需形势将进入相对富余阶段,全球能源供需格局也将随之调整。从需求方面看,受全球经济持续低迷和各国纷纷实施能效战略的影响,全球能源需求将在未来五年处于低速增长阶段,据 IEA(国际能源署)最新研究报告显示,2012—2020 年全球一次能源需求增速将从过去十多年的 2.3% 下降到 1.5%。从供应方面看,随着中东、俄罗斯等传统油气资源国的生产能力继续扩大,美国、南美等地区的非常规油气资源的开发利用加速,以及新能源和可再生能源的持续技术突破,未来全球能源供应能力将稳步提升。预计这一供大于求的全球能源供需态势将至少维持 5—10 年,为我国能源供应保障创造了良好的外部环境。

1.2 能源清洁低碳化依然是世界能源发展方向

能源清洁低碳化不仅是国际能源博弈的焦点,也是各国能源战略的方向。一方面,各国政府均将气候变化谈判作为国际政治谈判的重要议题。目前我国能源消费总量和碳排放总量均居世界第一,已经承受了巨大的国际舆论压力,未来我国经济社会发展可能会受到一定的影响。另一方面,尽管在国际气候变化谈判中,各国政府对自愿承担减排责任从不让步,但对节能减排和环境保护的重视程度始终有增无减,都将能源清洁化和低碳化作为各自的国家能源战略,出台了更加严格的标准和环保措施,大力限制煤炭、石油等高碳能源的使用,鼓励天然气和可再生能源加快发展。2016 年 11 月 12 日中美两国在北京联合发布的《中美气候变化联合声明》宣布了各自 2020 年后应对气候变化行动目标,美国计划 2025 年比 2005 年减排 26%—28%,中国则计划 2030 年左右二氧化碳排放达到峰值,非化石能源占一次能源消费比重提高到 20% 左右,这是中美两国对全世界做出的自愿减排承诺。

1.3 国际原油价格抖动对能源发展带来不确定性

自 2014 年 6 月起,全球石油价格出现持续下跌,NYMEX 原油价格从每桶超过 100 美元跌到 2015 年 1 月每桶不到 50 美元,而且这一低油价态势将持续多长时间还是未知数。本轮全球原油价格下跌是继 2008 年全球金融危机后的又一次下跌,本轮下跌的原因除了经济复苏疲软和能源供大于求之外,主要是由政治博弈造成的,充分体现了能源依然是一种政治化的商品。原油价格的持续波动将带来两个不确定性,一是全球能源格局调整的不确定性,能源进口国如中国、印度、日本等将从低油价中受益,能源出口国的市场话语权将被削减;二是对全球清洁能源发展带来不确定性,以煤炭、石油为主的传统化石能源将扩大价格优势,而以天然气、风电、太阳能、地热等清洁能源将有可能拉长开发时间,各国出台的替代能源和清洁能源扶持政策将被相应弱化。

1.4 能源智能化将可能在未来五年取得重大突破

随着 2013 年人类正式迈入大数据时代,以大数据为核心的信息化已经呈现出向经济社会各领域全面渗透的趋势。近两年,许多地区和城市均将打造智慧城市作为发展目标之一,能源智能化是其中最为重要的内容。"十三五"时期,能源智能化的趋势将更为明显,信息技术与能源技术的融合发展将从源头到末端带来能源全产业链的重大变革,不仅会带动能源系统的效率提升,还将全面改变能源的供需模式、管理模式、营运模式等,有可能在未来五年引领全球初步实现高效、便捷、人本、互动、可靠的智能能源,并为全球能源行业乃至世界经济发展模式的巨变埋下伏笔。

从国内层面看,推动能源革命必将成为未来很长一段时期内我国能源发展的中心工作,这不仅是我国能源安全和经济发展态势的必然选择,也是我国能源发展适应经济新常态的重大战略举措。2014 年 11 月 19 日国务院办公厅发布了《能源发展战略行动计划(2014—2020 年)》,明确了"十三五"是我国深化落实能源革命战略的关键时期,能源发展将坚持"节约、清洁、安全"的战略方针,重点实施"节约优先、立足国内、绿色低碳、创新驱动"四大战略,加快构建清洁、高效、安全、可持续的现代能源体系。

2 "十三五"时期上海能源发展的若干判断

对上海能源发展而言,"十三五"时期是一个前所未有的复杂时期。作为我国经济最发达的城市之一,上海经济新常态的特征已率先显现,经济发展进入换挡期,经济增速和能耗增速明显放缓;城市发展进入提质期,人口规模和用地规模受到严格控制,城市规划和城市管理要求更高;节能减排进入深化期,工作难度增加但社会诉求愈加强烈;科技突破进入攻坚期,全力打造具有全球影响力的科技创新中心任重道远;体制改革进入突破期,顺应国家深化改革趋势,聚焦重点寻求突破迫在眉睫。在"十三五"这样一个经济发展新常态与城市发展新阶段相交织,特大型能源消费城市用能特点日渐凸显的发展阶段,准确判断和把握新常态下上海能源发展的新特征将对谋划"十三五"能源发展和编制"十三五"能源发展规划至关重要。

2.1 判断一:能源需求增长进入低速期

"十二五"以来,上海能源需求增速明显放缓,能源消费总量年均增速从"十一五"的 6.4％下降到 2％左右,全市最高电力负荷年均增速从"十一五"的 9.1％下降到 3％左右,这一趋势已经基本表明上海能源需求增长进入低速期。随着上海人口规模、用地规模的控制力度加大和高能耗行业的规模限制,未来上海能源需求增速还将进一步放缓,预计到 2020 年上海市能源需求总量基本可以控制在 1.3 亿吨标准煤左右,年均增速控制在 2％—3％以内,全市能源消费总量峰值将在2025 年左右出现,初步判断将达到 1.4 亿吨标准煤左右;但与此同时,随着上海服务业比重和全市电气化水平不断提高,"十三五"期间上海电网最高用电负荷增速还将保持在 3％以上,2020 年全市最高用电负荷将达到 3 500 万千瓦。能源需求的低速增长将使得未来上海能源的供应能力相对富余,能源的供应安全保障压力有所缓解,同时带来能源工作重心的转变,将更加注重提高能源供应的品质和效率,更加注重提高能源的清洁化和低碳化水平。

2.2 判断二:能源结构优化进入升级版

"十二五"时期,上海能源结构优化成效显著,煤炭占一次能源比重从 49.6％下降到接近 40％,天然气占比从 6.1％上升到接近 10％,基本形成了既体现上海特大型城市特征又符合我国能源资源条件的城市能源结构,但这一成绩也导致上海能源结构调整空间缩小,在现有的政策和措施下进一步优化的难度显著增加。

面对国际低碳发展压力和公众清洁发展诉求,"十三五"期间上海能源结构优化势在必行,不得不思考更为重大的战略举措来打造能源结构优化"升级版"。在煤炭方面,应进一步推进产业结构优化和电源结构优化。按 2013 年统计数据显示,上海煤炭消费总量为 5 686 万吨,其中发电、钢铁、化工七家企业集团的煤炭消费量达到了 5 176 万吨,煤炭集中度达到 91%,在 2017 年上海基本完成削减分散燃煤任务的条件下,煤炭的减量化工作必将转向削减集中燃煤和大工业用煤,这就上升到了上海城市定位和产业定位的决策问题。在天然气方面,推广天然气应用领域必须放在突出位置。过去几年,天然气占一次能源比重显著提高,从 2005 年的1.9%上升到 2013 年的 9.3%,达到 73 亿立方米,但与"十二五"规划目标 100 亿立方米相比,还存在不小的差距。目前天然气的应用领域较为局限,需求增长后劲不足,按照相关部门调研情况初步判断,到 2020 年全市天然气的需求是 95—115亿立方米,大大低于天然气 140 亿立方米的潜在供应能力,有必要在拓展天然气应用领域上下大功夫。在可再生能源方面,需要探索出"因地制宜、体制创新、市场化运作"的上海发展模式。上海的可再生能源资源有限,在现有技术水平下大规模利用开发风电和太阳能等新能源尚不具备条件,并且现有的能源体制机制对新能源发展也存在一定的制约,要想在新能源领域取得更大突破,需要加快就近消纳和区域售电试点,创新新能源金融模式,为新能源开发利用创造良好的政策环境。

2.3　判断三:随着城市地位的提升,能源安全保障要求不断提高

作为一个规模大、人口密度高、国际知名度高的特大型国际大都市,上海城市能源安全保障始终是能源工作的首要问题。随着自贸区、科技创新中心等新一轮国家战略落沪,上海的城市地位和国际影响力正在进一步提升,城市能源安全保障的要求也随着提高,即使很小的能源安全事件都会产生较大的社会影响。但在现有的城市能源基础设施和能源通道布局下,上海能源保障依然存在诸多潜在安全隐患:在电力方面,单一市外电力通道输送能力占比较高,城市电网突发事件的应急响应能力不足。目前上海最大的市外来电输送通道是 800 kV 向上直流,输电能力 640 万千瓦,占上海市用电最高负荷的比重达到了 24%,过长的输送距离

和频发的自然灾害使其可能成为上海电力安全保障的重大隐患。而上海自身的突发事件应急响应能力依然有待提高,与纽约、东京、伦敦等国际大都市之间还存在较大差距,城市电网的故障恢复时间远低于发达国家水平。在天然气方面,单一气源通道输送能力占比较高,气源布局不均衡。在 2013 年上海全年天然气消费总量 73 亿立方米中,洋山港进口 LNG 的供应量达到 35 亿立方米,占比接近50％;尽管上海已经基本建成了"4＋1"的气源结构,但气源通道基本都集中在城市的南部和西部,东部和北部仅依托五号沟 LNG 储备站远远不够,需要进一步完善天然气输气通道和储备体系。

2.4　判断四:能源需求总量矛盾不突出,但峰谷矛盾较为明显

"十三五"期间,上海能源供需矛盾相对缓和,在电力方面,目前已落实的市内外电源供应能力达到 3 764 万千瓦,基本可以满足未来五年全市用电需求;在天然气方面,目前明确气源和后续潜在气源的供应能力总和达到 140 亿立方米,供需形势将从基本平衡转向阶段性富余。但另一方面,随着上海都市型经济的不断壮大和服务业占比的稳步提升,上海特大型城市能源消费特征将更加凸显,最主要的表现是峰谷差矛盾更为突出,电力峰谷差占最高用电负荷的比重始终保持在40％左右,气网峰谷差占最高日用气负荷的比重已经超过了 60％,这将对上海城市能源安全保障带来极大的挑战。因此,在"十三五"期间,如何综合运用行政、价格、市场、政策、技术等手段来缓解峰谷差矛盾这一特大型城市能源发展的共性难题,将成为未来五年上海能源发展亟须解决的关键问题。

2.5　判断五:市内外电源的关系有待理顺

过去十多年,上海市外来电从无到有,市外通道输电能力稳步增长,为支撑上海经济的高速增长,保障上海世博会,满足不断增长、满足全社会的用电需求做出了重要的贡献。2013 年,上海市外净输入电量达到 439 亿千瓦时,占全社会用电量的 31％;市外日输入最大电力为 1 119.6 万千瓦,占最高用电负荷的 38％。随着这几年上海电力需求增速的显著放缓,市外来电和本地电源的竞争关系日益凸显,由于市外来电中不具备调峰能力的水电和核电占比较高,仅西南水电就占到

了市外来电的 50% 以上,这在一定程度上挤压了本地电源;在 2014 年最高用电负荷大幅下降的情况下,市内煤机利用小时数下降到 4 100—4 200 小时。根据已明确的市外来电测算,未来一段时期内,上海市外来电还将大幅增长,"十三五"时期市外来电占最高用电负荷比重将维持在 50% 的高位,本地煤机利用小时数还将维持在较低水平。必须注意的是,如果煤电低负荷率成为常态,不仅会降低煤电的经济性和转化效率,还将带来环境污染加剧、设备加速老化等一系列问题,可能会诱发电力系统性安全风险。因此,市外来电参与市内电力调峰机制有待完善,需要从价格机制和区域联动等体制机制上寻求突破。

2.6 判断六:能源科技加快发展,智慧能源逐步显现

"十三五"期间,在能源科技创新领域,国家提出了坚持追赶和跨越并重,建设能源科技强国的目标,力争到 2020 年实现能源科技总体接近世界先进水平。能源科技在上海科技领域中一直都是具有较好优势的重点发展领域,涌现出了一批能源技术创新市场主体和具有较高知名度的能源示范项目。"十三五"期间,随着上海建设具有全球影响力的科技创新中心的不断推进,上海有望在先进核电、燃气轮机、700 ℃ 超超临界煤机、煤机烟气洁净排放技改、微燃机、深海钻井、氢能与燃料电池、IGCC、超导等一批具有优势的重大能源技术领域取得突破性进展。同时,打造智慧城市已经成为上海城市发展的重要目标,其中最核心的内容是实现能源系统的智能化,将信息技术、物联网技术、大数据与能源技术的加速融合,这将极大地改变上海能源的生产、消费、流通格局,改变城市能源管理模式。

2.7 判断七:能源领域污染物排放量还可以进一步大幅削减

"十二五"期间,上海深化推进能源领域污染减排工作,大力推进燃煤机组高效除尘改造,积极推动 VOCs 试点项目,提前完成了国家下达的各项节能减排指标。但随着社会对清洁空气的诉求不断提高,作为污染物排放的主要来源,能源的清洁化发展要求更为迫切,首当其冲的就是煤电机组的清洁化改造。根据最新投产的国家环保示范工程漕泾电厂洁净排放的检测结果,燃煤电厂的排放基本可以达到天然气电厂的国家排放标准,如果能够将该技术在全市同类型的煤电机组

全面推广,可以大幅削减烟尘、SO_2、NOx 等污染物。

2.8 判断八:体制改革和机制创新将在能源发展中发挥保障作用

"十三五"期间是国家大力推进能源体制改革和机制创新的重要时期,预计在国家的统筹推进下,能源的体制改革和机制创新将会有重大突破。上海一直都是改革的前沿阵地,为我国改革开放和市场化体制的完善做出了重要贡献。在能源领域,上海始终坚持在国家能源体系框架下,健全和完善地方能源体制,在试点项目、示范区域、能源价格、能源储备等方面发布了相关政策,特别是天然气分布式项目的扶持政策一直被作为地方能源政策标杆。"十三五"时期,随着国家能源体制革命的深化推进,许多能源体制改革和机制创新领域的重大举措需要地方加以试验和落地,能源的市场化改革需要试点推动。因此,主动对接国家能源体制革命,在部分领域争取先行先试,必将成为"十三五"期间上海能源工作的新要求,一方面,顺应国家深化改革趋势,推动能源体制改革大方针、大政策落地,在能源发展和结构调整中发挥重要作用;另一方面,要结合自身在市场、金融、贸易等领域的优势,积极在新能源金融创新、能源投资贸易、电力就近消纳、局部能源价格改革(如尖峰负荷价格)等领域形成示范和突破。

基于以上对"十三五"期间上海能源发展的八条重要判断,上海能源进入新常态的特征可以初步归纳为以下五个方面:一是能源需求增长进入低速期,能源消费诉求将从"量"转向"质",更加注重能源供应质量的提升;二是能源结构优化进入攻坚期,能源结构调整将从"易"转向"难",更加注重重大产业决策;三是能源科技创新进入活跃期,能源技术突破将从"点"转向"面",更加注重能源技术的推广应用;四是能源体制改革进入突破期,体制机制创新将从"浅"转向"深",更加注重长期影响能源发展的核心体制问题;五是节能低碳环保进入深化期,城市能源管理将从"粗"转向"精",更加注重基于用户端的精细化信息化管理。

3 "十三五"时期上海能源发展的初步思考

根据国内外能源发展形势和上海能源发展的阶段性特征判断,"十三五"时期,上海能源发展应该主动适应经济新常态的发展要求,积极对接国家能源革命,将国家要求充分融入上海能源工作,在能源清洁化发展、新能源发展机制创新、能源技术创新突破等方面探索上海模式,在新形势下寻找新抓手,在新要求下力争新突破,充分发挥上海自身的优势条件,为国家推进能源革命做出贡献。

3.1 核心工作:构建现代城市能源体系

上海应将支撑上海全球城市的长期稳定健康发展和市民生活的共同显著持续改善,满足人与自然和谐发展的现代城市能源体系,即与国际化大都市相适应的现代化城市能源供应体系和低碳能源消费模式,力争到 2020 年,上海市 GDP 能耗、人均能耗、能源效率、技术水平、供电能耗等各项核心指标均接近世界先进国家平均水平。

这一体系具有五方面的特征:一是安全与可靠。全面实现能源供应系统现代化,提供稳定安全的能源供应保障体系,逐步构建瞬时响应和及时自愈的能源应急管理体系。二是智能与高效。着力打造覆盖全市范围的智能化能源管理系统,各项能源利用和转化效率均处于世界前列。三是健康与环保。能源系统逐步实现清洁化和低碳化,进一步减少能源生产与消费中的污染物排放和碳排放,大力修复城市生态环境。四是经济与公平。能源保障水平逐步实现全市均衡化和平等化,能源供需与经济社会实现动态和谐发展,能源的公平性和经济性稳步提高。五是创新与竞争力。引进和培育具备国际市场主导权的能源企业,逐步提升能源领域的科技创新水平接近世界先进水平,使节能风尚深入人心。

3.2 对接能源消费革命

"十三五"期间,国家将从三个层面来细化能源消费革命,即严格控制能源消费过快增长、着力实施能效提升计划、推动城乡用能方式变革。上海应按照国家能源发展的总体要求,从"节能"和"环保"两方面来对接能源消费革命。一方面,在重点用能领域加强节能和绿色发展,进一步实施工业节能行动计划,推进终端用能产品能效提升和重点用能行业节能评估;实施绿色建筑行动计划,推行公共建筑能耗限额和绿色建筑评级与标识制度;实行绿色交通行动计划,积极推进清

洁能源汽车和船舶产业化步伐,大力发展 LNG 船舶,提高车用燃油经济性标准和
环保标准。另一方面,加强能源领域的污染排放控制,将大力推进燃煤电厂洁净
排放技术改造作为工作重点,加强能源生产、运输、消费等各环节的环保监管,加
强对能源设施的实时动态监测及污染排放警示。

3.3　对接能源供给革命

"十三五"期间,国家将针对能源供给革命,大力推进立足国内战略,以大基地
大通道建设来增强能源自主保障能力,积极发展天然气、核电、可再生能源等清洁
能源,推动能源结构持续优化。这就要求上海能源发展必须符合国家的总体规划
布局,一方面,积极合理利用市外能源资源,另一方面,大力推进市内能源清洁化
发展,将天然气和可再生能源发展放在更为突出的位置。在电力领域,有序推进
调峰燃机和燃气分布式项目建设(抓紧启动闵行燃机电厂项目,积极推进奉贤燃
机项目);研究启动华能石洞口一厂煤电升级改造项目、漕泾二期、外高桥 9 号机
组、青浦燃机四个项目;结合产业结构调整和城市布局调整,优化发展煤炭高效洁
净发电;加快智能电网建设。在天然气领域,积极开发大东海油气田,进一步落实
中俄东线天然气项目;加强天然气的储备设施建设,扩建五号沟 LNG 储备站,建
议在北部石洞口规划建设新 LNG 储备站;进一步完善天然气管网,加快郊区和村
镇天然气发展。在可再生能源领域,积极发展光伏分布式供能项目,鼓励有条件
的工业仓储屋顶和政府性质的公共建筑屋顶率先推广分布式光伏项目;在对岸
线、环保、开发条件进行准确判断的基础上,稳妥发展陆上风电和海上风电。

3.4　对接能源技术革命

"十三五"期间,国家将集中力量加快突破长期制约我国能源发展的技术瓶
颈,明确能源科技创新战略方向和重点,抓好科技重大专项,依托重大工程带动自
主创新,加快能源科技创新体系建设。上海应该基于国家明确的能源科技创新重
点,梳理符合国家能源技术方向体现上海自身优势的上海能源科技创新技术清
单,制定上海能源科技创新专项行动计划,明确未来上海能源科技创新的重点扶
持领域。同时,上海还应该扶持本地能源技术研发企业和团队,依托重大工程和

示范项目推进科技自主创新,支持有条件的区域建设能源先进技术的应用示范区。

3.5 对接能源体制革命

"十三五"期间,能源体制改革将成为国家层面能源工作的重中之重,目前国家已经基本明确了能源体制改革的五个方向,即现代能源市场体系;推进能源价格改革;健全能源法律法规;深化重点领域和关键环节改革;进一步转变政府职能。尽管国家能源体制改革更多偏重于能源系统的顶层设计,但在与上海能源发展紧密相关的部分领域应该争取先行先试,并充分发挥上海自身的优势条件,为国家能源体制改革提供可借鉴可复制的模式和案例。"十三五"期间上海能源体制改革的重点工作包括以下四个方面:一是转变政府职能,充分依托市场力量,培育第三方能源服务机构;完善地方能源法律法规,试点研究负面清单和权利清单;运用价格机制来调整峰谷差等问题;加快建立市外来电参与市内电力调峰的机制。二是在重点区域和重点领域突破示范,研究设立能源综合改革示范区,在具备条件的区域,如化工区,开展直供电试点;针对分布式光伏和燃气分布式能源项目,开展就近消纳和区域售电试点;开展充电桩的建设模式和公共充电桩规划模式示范试点。三是推进能源金融创新,研究建立新能源产业发展基金,创新银行新能源信贷业务,引入新能源保险与担保机制。四是推动能源信息资源的开放和开发利用,顺应大数据时代来临,打破能源数据的壁垒和阻隔,推进能源信息的开放和互联互通;在进一步建立和完善信息安全制度的基础上,选择充电桩和光伏分布式项目作为试点来推进信息公开。

3.6 对接全方位国际合作

"十三五"期间,国家将大力实施"走出去"战略,统筹利用国内国际两种资源、两个市场;加强五大重点能源合作区域建设;积极参与全球能源治理;积极鼓励有实力的能源企业"走出去"。上海应积极响应国家的战略部署,积极参与国家层面的国际能源合作:一是鼓励本地企业积极参与国家"走出去"战略,充分利用多种市场手段建立长期稳定、价格合理的海外能源供应渠道;二是开展全方位、多层次

的国际能源领域的交流与合作,鼓励和支持能源企业和研究机构开展各种形式的
国际技术交流和合作,加强能源领域的人才国际交流,加强能源科技领域的国际
交流;三是加快能源市场体系的国际化步伐,促进能源期货现货贸易、碳金融贸
易、技术交易等市场领域与国际接轨;四是积极参与国际能源相关标准的制订和
实施。

专题四

社会事业与公共服务

上海构建"持续照料型"社区养老服务体系的路径与措施建议

刘　华

截至 2014 年年底,上海户籍老年人口占总人口比重达到 28.8%,上海进入深度老龄化阶段。同时,随着家庭养老功能不断弱化,机构养老床位供不应求等问题凸显,社区养老作为介于家庭养老和机构养老之间的一种养老模式,越来越受到社会重视。为更好地满足社区老年人的需求,构建社区养老服务体系成为推进社区养老工作的重点。构建社区养老服务体系,就是以社区为平台,通过整合资源,将各类社区养老服务项目、服务设施、服务机构、人才、技术等要素组合成社区养老服务网络,并设计与之相配套的需求评估、服务标准、行业监管等社区养老服务政策体系。社区养老服务体系的关键在于资源整合,通过统筹规划、制度设计,将政府、社会、市场、个人等各方力量整合在一起,相互补充、相互促进,因地制宜地满足社区老年人的养老服务需求。

1　上海构建社区养老服务体系的意义

1.1　家庭养老功能不断弱化,需社区养老服体系提供支撑

上海实行的是以"9073"为基本架构养老模式,占老年人口 90% 的家庭养老模式是养老的重要基石。2014 年,上海老年抚养系数(60 岁及以上)已达到 46.6%[①],即接近每两个 15—59 岁人口要抚养一名 60 岁以上的老年人。家庭中需要赡养

---

①　资料来源于 2014 年上海市老年人口和老龄事业监测统计信息。

的老年人越来越多,而能提供照护服务的家庭成员越来越少。特别是在家里老人体弱多病或无法自理,需要频繁送医和陪护照料时,家属一方面缺乏足够的精力和时间,另一方面也缺乏相应的家庭照护条件和护理知识。社区养老服务能够为社区老年人提供社区日间照料和家庭养老支持,为家庭日间暂时无人或者无力照护的社区老年人提供服务。①随着家庭养老功能不断弱化,百姓对社区养老服务的依赖性正在逐步增强,加快构建社区养老服务体系能为家庭养老的老人提供支撑,更好地满足老年人的养老服务需求。

1.2　社区养老服务需求快速增长,对社区养老服务体系的构建提出更迫切的要求

上海市老龄科学研究中心副主任殷志刚指出,2010—2025 年将是上海老龄人口的快速增长期,平均每年将新增 60 岁及以上老年人口 21.5 万人,年增速将上升至 5.7％,预计到 2025 年老年人口将超过 600 万人。也就是说,2025 年上海老年人口将是 2014 年的 1.45 倍。老年人口的快速增加,必然会对社区养老服务提出更多的需求,以现有的社区养老服务供给能力还无法满足这样快速的需求增长,必须加快构建社区养老服务体系,通过科学预测、统筹规划、制度设计,充分发挥政府、市场、社会、个人等各方力量,才能有效增加供给,更好地满足需求,应对即将带来的社区养老服务需求高峰。

1.3　失能、失智老人的医护服务严重短缺,急需社区养老服务体系提供专业化服务支持

目前上海约有失能、失智老人 41 万人。失智老人约 17 万,其中 50％的老人患病程度已达到中度和重度,但养老机构和医疗护理机构收住的失智老人仅为 9 972 人,其余老人均留在家中,由家人照护。对于多数失能、失智老人,特别是其中中度、重度失能和失智老人,都需要获得专业的治疗、护理和照顾。而大多数家庭缺乏相应照护条件和相关护理知识,极可能导致老人错失治疗和康复

---

① 资料来源于"社会养老服务体系建设规划(2011—2015)"。

机会。①加快构建社区养老服务体系,能够以社区为平台,加强对失能、失智老人家庭照护人员的医护培训和知识普及,同时引入多层次、多样化的社区专业医护机构和组织,为失能、失智老人家庭提供专业服务支撑,缓解照护负担,提升生活质量。

2 上海社区养老服务体系发展现状

2000 年,上海市民政局开始在全市 6 个中心城区的 12 个街道小范围试点社区养老服务。2004 年,社区养老服务工作开始被列入上海市政府实事项目,养老服务补贴经费纳入政府财政预算,社区养老服务开始在全市铺开。2010 年上海市民政局发布《社区家庭养老服务规范》,这是我国社区养老服务工作的第一个规范性文件。2013 年,全市启动老年宜居社区建设试点工作,社区养老工作进入新的发展阶段。虽然上海推行社区养老已有十多年的时间,但迄今为止尚未明确提出构建社区养老服务体系的说法。

2.1 上海社区养老服务主要内容

上海将社区养老服务定义为"依托社区养老服务资源,为 60 周岁及以上有生活照料需求的居家老年人提供或协助提供生活护理、助餐、助浴、助洁、洗涤、助行、代办、康复辅助、相谈、助医等服务。"②社区养老政策因人而异,对三无、五保老人、优抚对象和有特殊贡献的老人,由政府购买服务;对低保老人、高龄老人、生活困难老人,由政府补贴服务费用;对身体健康、有经济支付能力的,则实行优惠抵偿的市场化服务。

各区县、各街道根据自身实际情况所提供的社区养老服务有所不同。以上海市徐汇区斜土街道为例,其提供的社区养老服务主要有两大类:一是由街道提供的养老服务,主要包括"六助"(助餐、助医、助急、助行、助洁、助浴)、家政服务、家

---

① 根据一项中国医院流行病调查显示,我国轻度失智老人就诊率仅为 14%,中度失智老人就诊率为 25%,重度失智老人就诊率为 33%,即便是已知患者,服药率也只有 21%。

② 《社区家庭养老服务规范》。

庭养老服务等；二是依托"962899"养老服务平台为徐汇区定制提供的家庭保洁、基本照护、康复指导等各类养老服务套餐(见表1)。

表1 徐汇区斜土街道提供的社区养老服务

	养老服务项目
街道提供	助行(轮椅、爬楼机)
	助医(助医车、定期测量血压)
	助急
	助浴(提供免费浴票)
	助洁(理发)
	助餐
	家政服务和家电修理
	家庭养老服务补贴项目
"962899"服务平台提供	常规类家庭保洁
	特殊类家庭保洁
	助浴(床上擦浴、协助淋浴)
	陪同就医
	精神慰藉
	基本照护
	健康评估
	专科护理与指导
	功能康复与指导
	"962899"电话服务

资料来源：根据对上海市徐汇区斜土街道调研整理获得。

街道承担社区养老服务功能的服务设施有老年人助餐中心、老年人日间照料中心、老年活动室、社区文化活动中心、社区生活服务中心、社区卫生服务中心/分中心等。①各街道根据自身的情况有一定的差异。

2.2 近年来上海各区县社区养老服务建设的探索

虽然没有明确提出构建社区养老服务体系的说法，但随着近两年老年宜居社区试点工作的推进，上海一些试点街道在社区养老服务项目设计和管理机制上进行了探索。从这些探索经验中可以看出，这些社区事实上正在构建和完善适合本

① 部分服务设施并不仅为老年人服务，但确实承担着部分养老服务功能或者存放部分养老服务设施设备。

社区老人实际需求的社区养老服务体系。

2.2.1　管理和服务从碎片化向体系化、网络化转变

目前绝大多数上海街道提供的社区养老服务项目以"六助"为主,涉及老人医、食、行以及基本的日常生活需求,从服务项目设计来看,以点为主,碎片化明显。近年来一些街道的探索则开始出现社区养老服务和管理的体系化、网络化趋势。以普陀区曹杨街道为例,其社区养老形成了"1520"的养老服务布局,即由1个助老平台("62229090"久邻家园关爱热线电话平台),5个"久龄家园服务站",20个老年活动室形成社区养老服务网络。通过助老平台,一方面可以实现街道内平台、各个服务站,以及其他机构之间的养老服务对接,另一方面可以实现街道与区的信息对接,使社区的养老服务和管理更全面、更系统、更便捷。

2.2.2　供给格局从单一化向多元化、社会化转变

上海的社区养老建设一开始完全以政府的力量来推动,之后随着养老设施布局的逐步完善,养老服务项目的不断增加,受惠于社区养老服务人数的逐渐增多,以及政府购买服务机制不断完善,越来越多的社会力量开始参与其中。以徐汇区的"962899"养老服务平台为例,该平台整合了上海约500余家各类养老服务供应商,内容涉及生活服务、医疗健康、文化娱乐等53项服务,涵盖老人日常生活所有需求,其所属的企业根据徐汇、闵行、黄浦、松江等各区的要求,设计制定了相应的社区养老服务套餐,满足各区老年人的需求。上海老年人从社区养老服务中获取的服务正从完全由政府单一供给,向政府、企业、社会等多方力量协同的多元化、社会化供给转变。

2.2.3　技术手段从传统方式向智能化、信息化转变

从全市层面上看,上海正在考虑构建统一的养老服务信息平台,建立养老服务数据库,开发宜居社区APP,实现分析决策功能,推进养老网上办事和服务;从各区层面来看,不少区都构建了社区养老服务平台,以此整合各类养老服务资源,扩大养老服务的供给渠道;在老年宜居社区试点中,还有一些新的做法,例如浦东新区康桥镇正积极推广的"银龄无忧一卡通"服务项目,康桥镇的老人办理银龄卡之后,可以通过电话或网络享受政府、社会加盟商的各项公益服务,进而将社区养老服务补贴、支付、管理整合在一张卡上,为实现养老服务的大数据管理建立基

础。这不仅是技术手段的提升，也是管理思路和管理手段的能级提升。

2.2.4　服务人群从健康老人向半失能和失智老人拓展

从十多年的发展来看，上海各区县提供的社区养老服务主要还是针对生活能够自理的健康老人，这和各街道缺乏专业的照护能力是有直接关系的，但随着宜居社区试点的推进，特别是部分社区的老年人日间照料中心进行社会化、专业化管理能级提升之后，社区养老服务人群开始向半失能和失智老人拓展。以浦东新区南码头街道为例，其老年人日间照料中心已经将服务对象从自理老人转向通过了浦东新区统一评估之后的半失能和失智老人，由专业护理员和专业社工（营养师、康复师、心理咨询师等）为这些老人提供专业服务。这是社区养老服务从简单照料走向专业照护的重要举措，是社区养老服务功能的拓展，更是社区养老填补家庭养老和机构养老功能差距的关键一步。

3　上海推进社区养老服务体系建设过程中的问题

虽然近两年上海社区养老建设取得了一些可喜的趋势性成果，但在实际推进过程中还是出现了不少问题，这些问题已经成为制约上海社区养老发展的瓶颈。

3.1　社区养老服务体系仍不健全

3.1.1　尚未形成长期规划、统筹协调的社区养老服务体系发展思路

社区养老服务体系的构建是一项长期的战略任务，是上海未来相当长一段时间的重要工作，需要从整体规划的角度，对社区养老服务项目、设施、制度等的建设和发展进行统筹考虑，以实现科学、协调、可持续发展。但目前来看，多数街道仍把社区养老单纯地分解为一个个独立的服务项目完成，缺少将其作为一个完整的体系进行长期规划、统筹协调的发展思路。具体而言，就是缺乏对社区养老需求现状和未来发展趋势的跟踪、判断和整体把握，即缺乏对本社区老年人的年龄结构、人群特点、实际需求、消费能力、未来趋势预测等的排摸、研究和分析，因此无法对现有的社区养老服务进行科学、准确的规划和调整，不能站在更高的层面上，从更长远的角度挖掘各方潜力和资源，不能在资源整合、工作推进上形成合

力,更好地满足社区老年人的养老服务需求。

3.1.2 尚未形成功能完备的社区养老服务网络

一是从社区养老服务项目的设置来看,目前大多数街道推行的社区养老服务项目以完成各委办局和市、区下达的工作任务为主(如六助、家庭养老服务补贴项目等),碎片化现象明显,覆盖面较窄。服务项目以传统服务项目为主,新产品、新技术所涉及的养老服务项目较少,偏重保障性、低层次、非专业服务。二是从社区养老重点服务人群来看,除了健康老人外,其余社区养老服务对象主要是低保、残疾等老年人群体,对于同样急需养老服务的空巢、独居、失能、失智老人的服务项目较少。三是从养老服务设施的功能设置来看,不少街道的养老服务设施仍存在较为严重的功能重叠现象,特别是老年人日间照料中心。老年人日间照料中心的功能主要是为以生活不能完全自理、日常生活需要一定照料的半失能老年人为主的日托老年人提供膳食供应、个人照顾、保健康复、娱乐和交通接送等日间服务。①但目前上海很多街道的老年人日间照料中心变成升级版的老年活动室,没有真正发挥专业护理和照料功能,一方面造成资源浪费,另一方面社区养老服务体系无法提供对半失能老人的日托服务,出现功能缺失。

3.1.3 尚未形成完善的社区养老政策体系

社区养老服务体系的建立不仅是养老服务网络的建立和完善,还有与之相配套的养老服务标准、运行机制、监管制度等政策体系的构建,才能保障社区养老服务体系的健康、有序运行。从目前来看,上海尚未建立与之相配套的统一养老服务评估体系,无法在全市统一的平台上对老年人进行评估,并实现养老服务资源的公平、公开和合理配置;尚未建立统一的经济状况审核制度,无法全面了解老年人的经济状况,并以此为根据对最需要接受救助的老年人提供政府补贴和帮助;尚未建立统一合理的养老服务行业监管制度,不利于维护养老服务行业发展秩序,更好地培育养老服务产业;尚未建立养老服务专业人才队伍的储备、激励机制,无法保障未来社区养老专业服务的人才需求和提升社区养老服务质量。

---

① 民政部:《社区老年人日间照料中心建设标准》,2010 年 11 月。

3.2 社区养老服务的社会化水平较低

目前上海的社区养老服务社会化水平仍然较低,究其根源有三点:一是老年人对社区养老服务的消费能力不足。根据对徐汇区斜土街道的抽样调查,社区内48.8%的老年人收入在 3 000 元以下,68%的老年人每月可承受的社区养老服务费用总额在 500 元以下(见表2),其中多数老人只愿意享受免费的社区养老服务,对付费养老服务的接受度较低。老年人较低的收入水平制约了其对养老服务的消费能力,同样也制约了社区养老服务市场以及相关社会组织、企业的发展和壮大。

表2 社区内老人每月可承受的不同档次社区养老服务费用占比

每月可承受的费用总额	百分比（%）
500 元以下	68.0
500—1 000 元	21.1
1 001—1 500 元	3.0
1 501—2 000 元	3.2
2 001—2 500 元	2.0
2 501—3 000 元	1.7
3 001—3 500 元	0.7
5 000 元以上	0.2
合　　计	100.0

资料来源:根据对上海市徐汇区斜土街道抽样调查获得。

二是政府购买服务的资金不足,来源不稳定。由于老年人的消费能力不足,以及我国捐赠、慈善事业的发展较迟缓等因素,目前提供社区养老服务的社会组织的资金来源主要来自政府购买服务。虽然近年来政府购买服务的力度在不断加大,但是分配到社区养老服务领域的总额并不多,能够获取政府购买服务资格的社会组织较少,能够稳定获得资金的社会组织更少,要以此形成一个稳定发展的社区养老服务市场很难。特别对于一些专业性较强的领域,如护理、康复等,如果没有稳定的资金来源,很难保证其服务质量和长期稳定发展。

三是政策环境不健全,老年护理保险制度迟迟不出台。在养老服务需求中,对医疗护理的需求排位始终占据高位,而专业的医疗护理机构发展却非常迟缓,且规模很难做大。从国际经验来看,2000 年,日本《护理保险法》出台,其后国内保健、医疗护理等非营利组织迅猛发展,2010 年达到 23 985 个,位居全国各类非营利组织之首,占比高达 56.7%。可以说《护理保险法》的出台是日本医疗护理行业发展的基础。而我国老年护理保险制度一直在研究,至今仍未出台,使得专业医疗护理行业的发展始终处于低潮,无法快速发展壮大。

3.3　社区养老服务能力和水平较低

根据对上海市徐汇区斜土街道的问卷调查,社区内的老年人对社区养老服务的不满意主要集中在四个方面。一是部分养老服务的供给能力不足。如"助行"服务使用的爬楼机数量不足,需要提前预约,实际使用时很不方便;老年人活动场所和设施数量少、空间小、功能单一;部分养老服务的频率太低,时间间隔太长。二是部分服务不符合需求。如"助医"服务仅限于陪伴老人去测量血压,服务过于单一;一些居家服务套餐不符合需要,而且缺少延续性,以及服务费用太高等。三是服务质量较低。如"助餐"服务伙食菜量少,口味差,服务人员态度差;部分服务收费不开发票等。四是服务队伍的专业性不够。多数受访老人都对养老服务人员的专业技能、专业素养有一定要求,希望能够提供更专业、更规范的养老服务。

3.4　社区养老服务人员的素质较低

目前上海多数区县街道内从事社区养老服务的是"万人就业项目"中吸引的外来务工人员和失业下岗人员,文化层次较低,缺乏专业化、正规化的训练,工作凭感觉和经验,理论知识、专业技术和方法缺乏。服务人员的非专业性极大地制约了社区养老服务质量的提升,以及部分专业化服务项目的开展。

3.5　社区养老的宣传不足

社区养老服务较多关注服务内容,而忽略了对服务本身的宣传推广。根据徐汇区斜土社区问卷调查显示,社区养老服务的知晓度并不高,仅 8.6% 的老人表示对这些项目完全了解,部分了解的占 74.0%,另有 17.4% 的老人表示完全不了解街道提供的养老服务项目。对社区养老服务的不了解,一定程度影响到社区养老服务工作的开展,也造成了社区养老服务资源的浪费。

4 上海构建"持续照料型"社区养老服务体系的思路和路径

庞大的老年人口基数、密集的居住状况(特别是部分中心城区中的老旧小区)、逐渐弱化的家庭养老功能,以及有限的机构养老资源,决定了上海社区养老必然会成为上海未来养老事业和产业发展的重点。在上海的社会养老服务体系中,社区养老将成为家庭养老最重要的支撑,成为机构养老的减压器。而社区养老服务体系建设则是上海很长一段时间内社区养老建设的关键,只有构建高效、健康的社区养老服务体系,才能有效对接快速增长的养老服务需求和供给,才能把政府、社会、市场、家庭、个人等各方力量有机整合在一起发挥作用。

上海的社区养老服务体系建设要从上海老龄化实际出发,以社区为平台,以制度创新为动力,以信息化手段为支撑,充分统筹政府、社会、市场、个人的资源和力量,通过政府保障社区基本养老服务需求,通过社会和市场提供多功能、多层次、多样化的社区养老服务,通过社区住户和志愿者壮大社区养老服务力量,构建"持续照料型"社区养老服务体系,满足社区老年人在不同年龄阶段、不同健康状况、不同经济条件下的养老服务需求。

4.1 "持续照料型"社区养老服务体系的内涵

"持续照料型"社区养老服务体系由社区养老服务网络和社区养老服务政策体系两个有机部分组成。社区养老服务网络包含五大类社区养老服务,分别为:社区提供空间的支持性服务、上门服务、日托服务、短托服务和长托服务。社区养老服务政策体系包括与社区养老服务相配套的需求评估、服务标准、行业监管等政策(见图1)。

社区提供空间的支持性服务,是指由社区提供老年活动室、健身场所、多功能活动室等场地,举办预防保健、宣传教育、文娱体育等活动,主要服务人群为社区内健康老人。

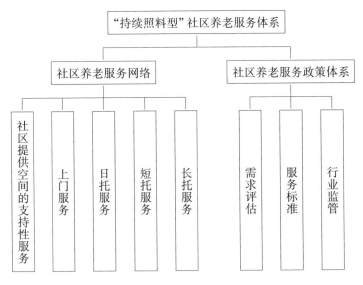

图1 "持续照料型"社区养老服务体系示意图

上门服务包括上门照料和上门医疗两大类服务,上门照料服务是指为社区内老人上门提供包括身体护理(洗澡、更衣、喂饭、排泄、陪同就医、取药等)和生活照料(洗衣、做饭、打扫、购物等),上门医疗服务是指由专业医护人员上门提供的家庭病床、家庭医生问诊,以及其他社会化医疗、康复、护理服务等专业医疗和护理服务。

日托服务,是指由社区老年人日间照料中心等日托机构为社区内生活不能完全自理、日常生活需要一定照料的半失能和失智老年人为主的日托老年人提供膳食供应、个人照顾、保健康复、娱乐和交通接送等日间服务。

短托服务,是指为因疾病、受伤、家人短期离开、家庭"喘息式服务"需求等老人提供1—3个月的康复护理、生活照料、休闲娱乐、膳食供应等服务。

长托服务,是面向失能、失智老人提供超过3个月的康复护理、生活照料、休闲娱乐、膳食供应等服务。

这五大类社区养老服务是从服务的功能和特性角度划分的,与社区养老服务机构并不是一一对应的关系,即某一个社区养老服务机构(包括企业、社会组织、个人或政府运营的各类机构)可以根据自身的法定资质和具体情况,提供其中的某一种或多种养老服务。

表 3　社区养老服务网络五大组成部分

名称	主要服务内容	主要服务人群	场地、机构
社区提供空间的支持性服务	预防保健、宣传教育、文娱体育活动等	健康老人	老年活动室、健身场所、多功能活动室等
上门服务	上门照料(洗澡、更衣、喂饭、排泄、陪同就医、取药等身体护理)	半失能和失智老人	家政公司、社区居民和志愿者等
	上门医疗(家庭病床、家庭医生问诊、医疗、康复、护理服务等专业医疗和护理服务)	生病、处于康复期老人	社区卫生服务中心、护理站、康复中心等提供医疗、康复、护理的专业服务机构
日托服务	膳食供应、个人照顾、保健康复、娱乐和交通接送等日间服务	半失能和半失智老人	社区老年人日间照料中心等日托机构
短托服务	1—3 个月内的康复护理、生活照料、休闲娱乐、膳食供应等服务	生病、处于康复期老人,半失能和失智老人,失能和失智老人	提供康复、护理服务的专业机构,社区嵌入式短期托养机构
长托服务	超过 3 个月的康复护理、生活照料、休闲娱乐、膳食供应等服务	失能和失智老人	长者照护之家等社区嵌入式托养机构

4.2 "持续照料型"社区养老服务体系实现路径

构建"持续照料型"社区养老服务体系是一项长期的战略任务,在其实现路径上有三个关键——情况排摸、资源整合、分步拓展。

4.2.1 情况排摸

构建科学、合理、可持续的"持续照料型"社区养老服务体系是建立在对社区养老现状充分掌握,对未来发展趋势准确把握基础上的,因此必须定期对社区内的老年人人口结构、健康状况、服务需求、消费能力、服务供给情况等进行全面的跟踪和排摸,便于规划的制定、政策方向的调整、工作任务的安排。

4.2.2 资源整合

"持续照料型"社区养老服务体系建设必须要实现的养老服务资源的整合,具体体现在三个方面:一是服务的整合,即把社区老人需要的养老服务整合在一个平台上,使老人能够方便、快捷地获得信息、横向比较、购买服务、反馈意见、维护权益。二是功能的整合，特别是"医养融合"，即要打破医疗资源和养老资源之间的边界，使医疗卫生资源进入社区和居民家庭，和养老资源相互融合、相互促进，满足老年人在社区和家庭养老过程中的医疗卫生服务需求，进而整体提升养老服务水平。三是力量的整合，即充分发挥市场和社会的力量，将目前的托底式、保障式社区养老服务向改善型、持续照料型社区养老服务体系转变，真正实现社区养老服务的社会化、专业化、信息化，更好地满足社区老年人多层次、多样化的养老服务需求。

4.2.3　分步拓展

从目前由政府主要承担的托底式社区养老服务向持续照料型社区养老服务体系转变需要一个长期的、分步拓展的引导过程，具体体现在以下五个方面。

一是服务项目从"搭把手"向"持续照料"分步拓展。"持续照料型"社区养老服务体系建设是通过系统地引进多功能、多层次、多样化、专业化的养老服务项目和设施，从目前社区养老服务碎片化明显，功能单一，服务面有限且服务多以非专业为主的"搭把手"服务，向功能齐备的"持续照料型"社区养老服务体系转变。

二是服务人群从健康老人向失能、失智老人分步拓展。"持续照料型"社区养老服务体系建设的重点是要从目前的为健康老人服务为主，逐步向轻、中、重度失能和失智老人覆盖。为了延缓老人的失能、失智进程，照护人员必须接受专业技能培训，养老服务机构内配备专业的康复设施。其中失智老人的照顾往往需要付出更多的精力和财力，因为失智老人是一种精神失能，而非身体失能，所以还需要照护人员的贴身跟从，以免走失，甚至还需要应对部分失智老人的打骂等过激行为。而对于家庭而言，由于缺乏相应的技能和设施，往往会错失治疗机会，甚至加重老人的失能、失智程度。引入专业化的社区养老服务，不仅仅是给这些老年人一个有质量、有尊严的晚年生活，同时也把老人所在家庭从无力甚至崩溃的边缘挽救出来。

三是服务时间从日托向短托、长托分步拓展。"持续照料型"社区养老服务体系建设要从目前的日托服务，逐步向 1—3 个月的短托和超过 3 个月的长托服务拓展。与日托服务相比，短托服务更强调功能性，即生病和处于康复期老人的康复和护理服务，以及为家庭提供的"喘息式服务"。而长托服务与传统的机构养老相比,由于其服务提供机构为社区嵌入式托养机构,老年人仍然可以居住在熟悉的社区中,与家庭的联系更紧密,便于子女探望和照顾,与我们民族的养老传统更接近,对服务的接受度更高。

四是技术手段从传统向智能化、"互联网＋"分步拓展。"持续照料型"社区养老服务体系建设要从目前传统的电话、居委会宣传等手段向智能化、"互联网＋"分步拓展。随着老年人对互联网、智能手机等新技术手段的接受度更高,社区养老服务的查询、预定、反馈、传播等将从口口相传、电话咨询等传统服务方式向更高速、便捷的互联网、APP 等模式转变;社区养老服务的支付、结算方式将从现金向电子消费券、银行卡、网上支付等转变,社区养老服务的选择面将更广、消费更便捷。

五是服务供应商从小作坊、小组织向连锁式、专业化分步拓展。"持续照料型"社区养老服务体系建设仅依靠目前大量小作坊、小组织是无法实现社区养老服务的稳定供给和专业化服务的,要大力培育和发展连锁式、专业化的提供养老服务的社会组织和企业。对于企业的发展而言,仅仅依靠单一社区的养老服务需求和政府购买服务,往往无法实现资金的可持续性和队伍的稳定性,依靠遍布上海各区县的社区网点实现服务的集约化、连锁式的经营才是养老服务供应商的发展之路。

5 上海构建"持续照料型"社区养老服务体系的重点措施建议

5.1 建立制度保障

5.1.1 明确各级政府在社区养老服务体系中的职能

构建"持续照料型"社区养老服务体系是一项长期的战略任务,政府在社区养老服务体系建设中承担规划、监管、托底保障、完善制度、建设社区养老服务设施等方面的职能。各级政府对社区养老服务体系建设需要统筹考虑、整体规划。市、区级政府应明确社区养老服务体系的总体发展方向,规划社区养老服务设施的建设和发展,整合与搭建市级统一的养老信息平台,制定社区养老服务相关政策,落实行业监管;街镇负责落实市、区交付的养老基本公共服务任务,根据实际情况统筹整合各方资源,完善社区养老服务网络建设,落实社区养老服务资源调度,推动基层智能养老建设。

5.1.2 建立社区养老服务体系配套机制

一是建立三年一次的社区养老服务调查制度。定期对社区老年人口结构、人群特点、实际需求、消费能力、服务满意度、服务设施、服务队伍和组织机制进行排摸和数据更新,及时掌握社区养老服务动向,并在此基础上对这些因素的未来趋势进行科学预测,便于查找不足,调整发展方向,及时修正工作。

二是加快构建和完善统一的养老服务评估体系。加快推进徐汇区、浦东新区等各区县的评估试点工作,尽快整合现有评估标准,建立包括医疗护理、生活照料等多种服务需求的统一养老服务评估标准。组建统一的需求管理和服务平台,在社区推动养老服务咨询、申请、评估、服务质量投诉与建议等各环节的"一门式受理评估",合理配置与评估结果相对应的养老和医护服务。将社区内拥有一定资质和服务能力的社区托养机构(日托、短托、长托机构)逐步纳入统一养老服务评估体系的养老服务设施名单。

三是加快建立统一的经济状况审核制度。依据家庭资产、收入等经济状况,确定享受政府基本养老服务补贴的标准和条件,探索逐步对申请享受政府基本养老服务补贴老人家庭经济状况开展审核。

四是建立健全养老服务行业监管制度。建立各类养老机构监管信息披露制度,对机构服务质量和运营情况定期开展监督检查。对提供基本养老服务的机构实行"能进能出"的双向机制,对不符合要求的机构,取消其承接政府购买服务项目的资格。加强对非营利养老服务机构的监管,对存在侵占、私分、挪用资产或所接受的捐赠和资助的,依法予以处罚。

5.1.3 完善市场在社区养老服务体系中发挥作用的配套政策

一是尽快建立老年护理保险制度。加快研究和出台老年护理保险制度,对缴费人群、缴费比例、护理保险对象、相关服务机构、从业人员资质认定、管理和监督等做出明确规定,为建立与人口深度老龄化相适应的老年护理体系奠定基础。

二是完善政府购买社区养老服务机制。制定和完善社区为老服务项目管理的规章制度、工作标准、工作职责,明确为老服务项目申请受理、初筛、评估、上报、审核等工作流程,以及相关监督管理规范。建立以奖代补的项目激励机制,提升为老服务质量和效率。分类制定合理的为老服务项目补助和奖励标准,并向全社会公开,实行"两头双核、完成兑现"的以奖代补机制,在公平、公正、公开的基础上,激励为老服务项目供给方更高效地提供服务。

三是加强土地政策支持。研究制定本市闲置的公益性设施用地优先用于社区养老服务设施用地的实施细则,开通社区养老服务设施用地"绿色通道",简化社区养老服务设施用地审批手续,确保社区养老服务设施用地的优先使用。企事业单位、个人对城镇现有空闲的厂房、学校、社区用房等进行改造和利用,兴办社区养老服务机构,经规划批准临时改变建筑使用功能从事非营利性养老服务且连续经营一年以上的,五年内不增收土地年租金或土地收益差价,土地使用性质暂不做变更。在不影响正常使用的前提下,中心城区非营利性养老机构建设容积率可做适当调整。在新建居住(小)区,特别是大型居住社区的土地供应条件中,明确社区养老服务设施建设用地的具体要求与内容;配套建设的社区养老服务设施应与住宅同步验收、同步交付使用。鼓励在有条件的居住(小)区,对部分富余的社区商业或其他配套设施,采用整合、购置、租赁、腾退、置换等方式,配置相应面积并符合建设使用标准的居家和社区养老服务配套设施。鼓励区县政府在部分有条件的居住(小)区试点开展回购居民住房转建社区养老服务设施。

四是优化相关税收政策。社区养老机构(含家庭服务企业、社区各类为老服务机构)提供的养护服务免征营业税。对社区养老机构合并、分立、兼并过程中发生的实物资产、不动产、土地使用权转移行为,不征收营业税。对老年人集聚的居住区适老性环境改造项目、老年住宅改造项目营业税给予适当优惠。对符合条件的非营利性社区养老机构按规定免征企业所得税。对企事业单位、社会团体和个人向非营利性社区养老机构的捐赠,符合相关规定的,准予在计算其应纳税所得额时按税法规定比例扣除。对提供家庭和社区养老服务的非营利性机构的企业所得税,在政策通过第二年开始,其后三年缴纳的税收地方留成部分由同级财政给予减半补助。对非营利性养老服务、社区居家养老服务设施自用房产、土地免征房产税、城镇土地使用税。中小型居家和社区养老服务企业缴纳城镇土地使用税确有困难的可以给予定期减免。

五是加大金融支持。研究制定上海养老服务业信贷奖励考核办法,设立养老服务业信贷专项奖励基金,对连续三年为养老服务机构、组织、企业提供信贷且绩效突出的在沪银行业金融机构给予一定的信贷奖励。鼓励和引导本市服务业发展引导资金、创业投资引导基金加大对养老服务业的支持力度,设立上海市养老服务公益基金、养老服务业发展专项基金,加大对从事养老服务的公益性、非营利性组织和机构、企业,尤其是初创期、发展期的组织、机构、企业的金融支持力度,重点加大对提供社区居家养老服务的组织和机构、民营养老机构等的支持。在上海市小微企业融资服务平台上增设养老服务融资服务窗口,搭建养老服务企业融资服务平台,集中受理养老服务企业融资申请,为养老服务企业提供足够、便利的融资服务。

六是鼓励企业做大做强。支持养老服务企业参与国内外各类质量和服务管理认证,完善质量服务体系,塑造服务业自主品牌。持各类中小服务业企业,通过组建企业联盟等方式,承接大额业务或重大项目。鼓励国内外知名养老服务业企业落户上海,稳妥引导外商投资养老服务业领域,更加注重引进先进技术、优秀人才、先进服务理念和管理经验、新型业态和服务模式。鼓励龙头企业在外省市设立分支机构,通过品牌输出、连锁经营、特许经营、知识产权投资等方式,开展跨区域经营。鼓励养老服务业龙头企业组建跨区域的产业或技术联盟,开拓国内市场。

5.2　构建"持续照料"为思路的养老硬件设施规划和建设

5.2.1　加快推进社区为老服务设施建设

落实市、区两级为老服务设施布局专项规划要求,因地制宜,兼顾规划千人指标和空间覆盖,合理布局和配置社区为老服务设施。对场地紧缺、空间有限的老旧社区,积极挖掘现有资源,充分利用剩余公房资源,或通过政府购买公共服务方式,定期租用附近场馆或单位活动室等作为老年活动场地。

5.2.2　推进社区适老性改造

分步推进老年人住房适老性改造,包括对低收入高龄独居老人、纯老家庭的住房进行安全性改造,如在浴室安装安全扶手、铺设防滑地砖;对于室内老化、裸露的电器线路配备安全插座;对煤气软管进行安全检查和更换等。已纳入政府旧区改造的小区,对社区内的低收入老年人家庭设施开展评估,符合条件的优先实行改造。推进街道内社区生活网点的适老性改造。对住宅建筑的入口、电梯、楼梯及通道的空间(宽度、畅通性)及安全性(防跌倒、防轧伤等)进行排查。对老旧住宅中过窄过陡的楼梯进行扶手加固和防滑处理。

5.2.3 探索实施社区为老服务设施 PPP 模式

合理选择社区为老服务设施合作项目,探索实行公私合营的项目合作模式(PPP 模式),考虑通过 BOT(建设—运营—移交)和 O&M(委托运营)形式,以竞争性磋商方式,选择合适的社会资本,在政府监管下,建设、运营和管理社区为老服务设施项目,减轻街道政府财政压力,提高项目运营效率。

5.3 重点推进社区"医养融合"服务

5.3.1 推动社区养老服务设施与医疗卫生服务设施统筹设置

推动社区养老服务设施与医疗卫生服务设施统筹规划、合理配置。在有条件的街道内,因地制宜、合理设置社区综合养老服务体,整合社区社会生活服务中心、老年人托养机构(日托、短托和长托机构)、康复护理机构、医疗卫生站等各类养老和医疗卫生资源,为老年人提供多功能、一体化、一门式的医养服务。在部分老旧小区老年人集聚的楼组底层或附近配备护理站、医疗站,满足老年人日常护理和医疗需求。依托社区医疗卫生服务中心、老年护理院向社区养老服务设施(社区老年人日间照料中心、各类社区老年人托养机构等)提供延伸服务,促进社区"医养融合"。

5.3.2 提高各类社区托养机构医护服务能力和水平

对于有相应医疗、护理条件和能力的社区托养机构,定期组织老年医疗护理机构、社区卫生服务中心等机构对其管理人员和服务人员开展专业讲座、短期培训等,提升社区托养机构技术、管理和服务能力。对于没有相应医疗、护理条件和能力的社区托养机构,鼓励其与现有的医疗、护理机构合作,由老年医疗护理机构、社区卫生服务中心、医疗护理站等上门提供集中性专业医疗和护理服务,满足托养机构内老年人的基本医护服务需求。

5.3.3 加快推行家庭医生制度

加快推进家庭医生制度,提高覆盖面,切实提升家庭医生服务水平。以家庭医生为切入点,加强老年人的健康管理,关注疾病预防,减少患病概率和控制慢性病发展,同时有效改变老年人分散自由择医的无序就医格局,逐步转变为选择医疗联合体定点就医,提高就医效率。实现老年人首诊在社区,病情严重的转诊进入更高级别医院治疗,病情稳定后,返回社区卫生服务中心、老年护理院、有一定资质的社区托养机构内进行康复治疗,康复后回到家庭、社区托养机构或养老机构的全过程无缝连续性医疗,提高老年人看病的整体效率,减少重复检查,减轻老年人的医疗消费负担。

5.4 搭建社区养老服务信息系统

5.4.1 加快社区养老服务信息系统的整合

加快构建全市统一的养老服务信息平台,鼓励各区县和街镇自主建设或依托社会机构建设养老服务信息平台,并做好与市级平台的对接,实现市、区级养老服务平台负责大数据汇总和养老服务分析决策,街镇养老服务平台负责社区养老服务资源调度、服务供给和消费匹配、流程监管等具体操作和数据产出的养老服务信息网络,实现真正意义上的"智慧养老"。

5.4.2 打通信息壁垒

社区养老服务的开展涉及民政、医药卫生、社保、公安等多个部门,为有效提高社区养老服务工作效率、整合养老服务资源,要加快打通各条线和条块之间的信息壁垒,切实提高社区养老服务信息决策和服务效能。

5.5 加快社区养老服务管理和服务队伍建设

5.5.1 加强社区养老管理队伍建设

加强对养老服务管理人员的培训和教育,拓展视野,加强专业技能培训,学习使用新思维、新技术、新媒体,加强社区养老服务项目的管理和监督,使养老服务和管理更精准、更科学。吸纳优秀的专业社会工作者进入社区从事养老的管理工作,以提高社区管理的科学化、专业化水平。

5.5.2 推动邻里互助服务队伍建设

鼓励和推动低龄健康老人为高龄老人服务的"老伙伴计划",推广社区"睦邻点"建设,积极探索"时间银行"等新型志愿养老服务模式。建立有效的激励机制,对典型人物和事件进行表彰和宣传,并对获得表彰的社会组织、志愿者、社工等给予一定奖励,调动社区邻里之间相互服务、相互帮助的积极性,挖掘社区志愿力量。

5.5.3 加强专业服务队伍建设

一是加强养老服务专业人员的储备,实现向社区机构和组织培养、输送专业人才。立足上海老龄化发展的实际和发展趋势,制定老年医护人员队伍发展的中长期规划,培养与建设符合老年人医疗护理需求的老年医护人员队伍。建立科学合理的老年医护人员职业资格认证和职业培训体系,全面提高老年医护人员的专业化、规范化水平。研究制定养老服务人员的薪酬管理制度,合理制定养老服务人员的分级薪酬水平,确保养老服务人员队伍的稳定性。研究制定养老服务人员鼓励政策,养老服务人员家庭中的老年人可优先享受社区居家养老服务补贴或享受居家养老服务优惠,对从事一定年限的养老服务的来沪人员在积分制上享受一定的加分。

二是加强社区养老服务人员培训。强化社区内实行上门服务的养老服务人员的培训,尤其是康复护理与心理慰藉方面的培训,打造优质、高效的社区养老服务队伍。

5.6 重视社区养老相关宣传

对年龄较大的老年人,充分依托传统渠道,做好老年人宣传工作。针对老年人的使用习惯和受教育水平,充分运用电话、宣传手册、导引地图、上门宣传等传统方式,让街道内的老年人了解街道的养老服务体系和项目设计,更便捷、规范地享受街道提供的养老服务。对于比较年轻的老年人及家属充分发挥新媒体作用,加强养老服务宣传。逐步拓展使用智能手机、互联网、社交媒体等多种新媒体方式,帮助子女更方便、快捷地为家中老年人选择养老服务。

5.7 鼓励各街道因地制宜的创新探索

基层街镇是最了解老年人情况、最能迸发创新活力的地方,积极鼓励各街镇因地制宜地创新社区养老服务,市、区相关部门应随时跟踪了解街镇推行情况,及时沟通联系、汇总案例、总结经验、组织交流学习,为决策工作提供借鉴。

参考文献

[1] 刘华:《关于上海推进"医养融合"的思考与建议》,《科学发展》2014 年第 5 期。

[2] 俞凯:《上海进入人口深度老龄化阶段 沪籍人口中老人超 27%》,http://sh.eastday.com/m/20140411/u1a8026456.html,2014.4.11。

[3] 孙国根:《上海:12 位失智老人仅有 1 张护理床位》,http://www.jkb.com.cn/news/industryNews/2014/0925/351463.html,2014.9.25。

[4] 矫海霞:《上海社区家庭养老服务的现状、问题与对策》,《社会工作》2012 年第 1 期。

[5] 付鑫鑫:《曹杨街道"久龄家园":构建首个宜居适老性社区》,http://stj.sh.gov.cn/Info.aspx?ReportId=610c17ef-75b6-4cb4-9bf6-c4d69d5ba7a2,2013.11.13。

[6] 颐养宝公司:《上海市人大视察颐养宝 962899 为老服务平台》,http://www.962899.com/about-yyb/news/platform/2059.html,2013.9.13。

[7] 唐玮婕:《浦东康桥整合各类资源 打造老年宜居样板社区》,http://sh.eastday.com/m/20141003/u1ai8373201.html,2014.10.3。

[8] 邵宁:《上海建 381 家日间照料中心 成本太高人气不足》,http://www.chinanews.com/sh/2015/07-02/7380564.shtml,2015.7.2。

[9] 陈珍妮:《失能老人家属培训班下周开班——真正接通家庭养老"最后一公里"日托所不能沦为升级版活动室》,《新闻晚报》,2013.6.7。

[10] 康越:《日本社区养老服务体系的做法与经验——以大阪府岸和田市为例》,《中央社会主义学院学报》2011 年第 5 期。

[11] 李晟晖:《社区居家养老服务探微》,http://news.163.com/15/0324/10/ALFD7UMO00014AED.html,2015.3.24。

运用大数据手段分析上海收入分配状况的初步思考

王莹莹

收入分配是民生之源。合理的收入分配制度是社会公平正义的重要体现,也是全面建成小康社会宏伟目标的战略要求和全面推进改革创新的关键环节。推动收入分配制度改革极其重要和迫切。要解决目前面临的收入分配问题、推动收入分配制度改革,首先需要客观认识问题。然而普遍认为目前我国国民收入分配的真实状况始终没有弄清楚。数据是分析收入分配状况的基础,只有对数据深入分析、透彻理解的基础上,才可能做出较优决策。因此,政府部门在制定决策时,应建立"用数据说话、用数据决策、用数据管理、用数据创新"的管理机制。然而当前收入分配数据引起较多争议,"被平均""拖后腿"成为普遍反应,究其原因在于目前收入分配数据统计方法不利于真实了解当前收入分配的实际状况。根据国务院要求,应通过建立宏观调控数据体系,借助于大数据,完善收入分配、金融、税收等领域国民经济相关数据的采集和利用机制,加强对宏观调控决策的支撑。基于此,本研究就本市运用大数据手段分析收入分配相关数据进行初步探讨。

1 运用大数据分析本市收入分配状况的背景分析

1.1 大数据应用情况

1.1.1 含义

"大数据"一词最早出现于 20 世纪 90 年代,由当时的数据仓库之父 Bill Inmon 提出。2011 年 5 月,在"云计算相遇大数据"为主题的 EMC World 2011 会议上,EMC 抛出了 Big Data 概念。也因此,2011 年被认为是大数据元年。关于大数据的含义众说纷纭,目前尚无统一定义,比较有代表性的主要有以下几种。

维基百科认为,大数据指的是所涉及的资料规模巨大到无法通过目前主流软件工具,在合理时间内达到抓取、管理、处理并整理成为帮助企业经营决策的资讯。

麦肯锡的报告认为,大数据是指无法用传统数据库软件工具对其进行抓取、管理和处理的数据集合。大数据的确定不应仅仅从数量级来判断,而且也取决于特定行业普遍所用软件工具的类型及行业内数据库的一般情况。因此,大数据的量级可能因行业不同,至少从数 T 到数 P① 不等。

《互联网周刊》认为,大数据涵盖了人们在大规模数据的基础上可以做的事情,而这些事情在小规模数据的基础上是无法实现的。换句话说,大数据让我们以一种前所未有的方式,通过对海量数据进行分析,获得有巨大价值的产品和服务,或深刻的洞见,最终形成变革之力。

国家信息中心专家委员会主任宁家骏认为,大数据是指无法在一定时间内使用传统数据库软件工具对其内容进行抓取、管理和处理的数据集。大数据不仅大,还较为复杂性,有着"沙里淘金"的重要性。

根据国内外对于大数据的理解,结合收入分配领域的背景,本研究认为可以将大数据理解为海量数据及由此衍生的数据分析理念的变革,借助于大数据及大数据分析理念,可以发现数据背后深层次的关联,并将这种关联应用于经济社会生活。

1.1.2　特点

目前,关于大数据的特点总结已经由早期的 3V、4V,扩展到 5V,即 volume(体量巨大)、variety(种类繁多)、velocity(流动速度快)、veracity(数据真实性)和 value(价值密度低)。

第一,体量巨大。大数据集合的规模不断扩大,从 GB 扩展到 TB、PB 级,甚

---

① 目前数据量单位:1TB＝1024GB, 1PB＝1024BT, 1EB＝1024PB, 1ZB＝1024EB, 1YB＝1024ZB, 1NB＝2 的 60 次方 TB。

至以 EB 和 ZB 计数。IDC 的研究报告称,未来 10 年全球大数据将增加 50 倍,管理数据仓库的服务器数量将增加 10 倍。

第二,类型繁多。大数据来源于多种数据源,数据种类和格式日渐丰富,包括结构化数据、半结构化数据和非结构化数据,且呈现出非结构化数据大幅增长的特点。而由于数据显性或隐性的网络化存在,数据之间的复杂关联无所不在。

第三,流动快速。大数据往往以数据流的形式动态、快速产生,具有很强的时效性,而数据自身的状态与价值也往往随时空变化而发生演变,数据涌现特征明显。同时,借助大数据处理技术,处理速度快,能够做到实时处理。

第四,数据真实性。大数据的内容与真实世界中发生的事件息息相关,研究大数据,就是透过庞大的数据,提取能够反映现实、解释现实和预测现实事件的过程。

第五,价值密度低。虽然数据的价值巨大,但是基于传统思维与技术,人们在实际环境中往往面临信息泛滥而知识匮乏的窘态,大数据的价值利用密度低。以视频为例,连续不间断监控过程中,可能有用的数据仅有一两秒。

1.1.3 应用

大数据应用就是利用数据分析的方法,从大数据中挖掘有效信息,为用户提供辅助决策,实现大数据价值的过程。目前,大数据已经在网络通信、医疗卫生、教育、气象预报、金融市场、农业研究、交通管理、新闻报道等领域广泛应用。以政府公共管理为例,依托大数据的发展,可以极大改变政府现有管理模式和服务模式,提升公共服务能力。越来越多的政府部门依托大数据及数据分析进行决策。比较典型的例子是,奥巴马及其团队在将大数据应用于其竞选活动中,通过对近两年搜集、存储的海量数据进行挖掘,寻找和锁定潜在的选民,运用数字化策略定位拉拢中间派选民及筹集选举资金,这一案例成为将大数据价值应用的典型。在实际政府管理中应用大数据分析优化政府公共服务的案例也越来越多。如洛杉矶和里昂等市通过大数据,解决拥堵问题;济南公安局借助大数据平台,通过大数据分析手段,为指挥决策、情报分析提供支持,保证迅速解决问题;北京市政府借助于大数据技术,将"12345"便民电话中心升级成为北京市非紧急救助服务综合受理调度平台,整合全市便民呼叫电话,为公众提供方便快捷的公共信息服务;浦东新区卫生局则通过大数据,建立覆盖区域的居民健康档案和电子病历数据库,从而使公共卫生部门可以进行全面疫情监测,并快速响应。这些举措,都实现了政府公共服务的立体化、多层次、全方位。南通市则走在全国前列,于2012年就以全市综合数据管理平台建设为突破口,通过协调48家成员单位,探索出"以数据标准为基础、以信息共享为目标、以挖掘应用为导向"的部门信息归集运用新模式,系统化地推进政府大数据应用。通过大数据平台形成大共享,满足海量数据交换、共享和管理等多方需求,在实现跨部门业务协同的同时,增强了数据分析应用,将政府部门"死数据"变为"活信息",使政府对社会经济的"宏观"把握变为"微观"运用。

表1 大数据应用典型案例

领域	应用单位	主要事项	成效	服务商
政府公共管理	上海浦东新区卫生局	提升卫生医疗信息化深度,建立覆盖区域的居民健康档案和电子病历数据库	公共卫生部门可快速检测传染病,进行全面疫情监测,并通过集成疾病监测和响应程序快速响应,同时临床支持系统也更智能化	微软
	北京市政府"12345"便民电话中心	升级成为北京市非紧急救助服务综合受理调度平台,整合全市便民呼叫服务	为公众提供方便快捷的公共信息服务,成为城市舆情中心、信息汇集中心和城市名片	Oracle
	济南公安局	云数据中心的基础上构建大数据平台,以行为轨道迹分析、社会关系分析等多种大数据手段应用,为指挥决策、情报分析、研判提供支持	有助于快速准确定位治安焦点、及时全面掌握信息、科学指挥调度警力和社会安保力量迅速解决问题	浪潮
	里昂市	决策支持系统优化器:基于实时交通报告来侦测和预测拥堵,当发生拥堵时,交管人员可以及时调整信号灯让车流最高效地运行	帮助里昂治理拥堵,同时,对突发事件也很有用,让如救护车尽快到达医院	IBM
	西雅图市	大数据节能项目	目标是将耗电量降低四分之一	微软和埃森哲
	拉斯维加斯市	实时公用事业网络模型:包含地上和地下所有公用设施,监测具体位置及运转情况	清楚了解地下资产情况,提供更好的公用事业服务	VTO咨询,Autodexk

（续表）

领域	应用单位	主要事项	成　　效	服务商
金融	中信银行信用卡	从交易、服务、风险、权益等多层面分析数据，确立统一的客户视图，清楚了解客户价值体系	为客户提供个性化服务，更有针对性和关联性地开展营销活动	EMC
	青岛银行	高效集成业务数据，同时提供良好的性能、可用性和可扩展性支持实现广泛的业务目标，例如地域扩张、突发的交易高峰等	提升银行交易性能，简化运营管理	IBM
	宜信宜人贷	借助金融云，对数据可视化、构建客户画像，同时支持宜信在线、离线业务，实现实时授信	开启贷款"极速"模式，提交资料后10分钟内可反馈结果，最高10万元，最快一天内到账	宜信
电商平台	淘宝	数据魔方：锁定用户喜好	使消费者以更优价格买到更心仪商品	淘宝
	1号店	优化数据平台，改善终端客户体验	使平台平均处理性能提升7倍，除满足目前业务处理外，还可以满足增长需求	Oracle
其他应用	深圳儿童医院	IBM集成平台与商业智能分析系统：整合医院海量数据，进行挖掘分析	实现部门信息共享，并为医院决策提供全面辅助，提升医院服务水平和管理能力	IBM
	农夫山泉	2011年上线HANA数据库平台，实时处理海量数据，精准管控物流成本	数据分析更及时，业务人员可以快速反映，近年来农夫山泉实现以30%—40%的年增长率增长	SAP

资料来源：根据《大数据应用 TOP100》（《互联网商业周刊》，2015-3-20）及网络资料整理。

1.2　运用大数据分析收入分配状况的必要性

1.2.1　当前收入分配统计难以真实反映实际状况

目前，运用最广泛、相对最权威的收入分配数据是统计部门发布的城乡居民可支配收入抽样调查数据。然而数据真实性受到较多质疑，网上"被平均""拖后腿"的声音不绝于耳，也有较多专家学者在研究文章中反映，收入分配调查统计数据存在严重失真。究其原因在于，收入分配统计采用入户调查的方式，不利于了解收入分配的真实状况。

一是收入层次不能全面覆盖，高收入户遗漏现象严重。当前收入分配调查数据主要通过向住户发放调查表的方式、基于住户自愿原则获得,在实际操作中,有相当大比例的高收入居民不愿意接受调查。一方面是出于隐私保护,另一方面也会为了偷逃税不愿上报。与中低收入阶层不同,高收入者的主要收入更多来自非工资性收入。对于这部分收入,目前的税收入体制难以进行有效监管,高收入者少报、漏报的情况很难发现。因此,在进行收入调查时,高收入者更倾向于不配合调查,导致抽样过程中被迫更换样本,从而发生对高收入居民的遗漏,使收入层次不能全面覆盖。对此,以往的统计数据也可见一斑。以 2013 年本市城乡居民家庭人均可支配收入抽样调查统计为例,2013 年上海城市居民家庭高收入户的人均可支配收入不足 10 万元,这显然与当前经济现状严重不符。可见,当前的调查统计分层远不能说明目前居民收入的实际情况。

表2　2013 年上海城乡居民家庭人均可支配收入抽样调查情况

	指　标	总平均	低收入户	中低收入户	中等收入户	中高收入户	高收入户
城市居民家庭	调查户数(户)	1 000	200	200	200	200	200
	可支配收入(元)	43 851	20 766	30 221	36 989	48 141	87 676
	工资性收入	28 518	12 500	16 448	21 127	30 659	62 797
	经营净收入	2 317	914	1 529	903	1 823	7 637
	财产性收入	788	141	259	524	1 167	3 020
	转移性收入	12 228	7 211	11 985	14 435	14 492	14 222
农村居民家庭	调查户数(户)	1 200					
	可支配收入(元)	19 208	8 708	14 415	18 152	22 618	31 196
	工资性收入	12 378	4 084	8 587	12 645	14 526	21 149
	家庭经营纯收入	920	672	810	1 042	738	1 322
	财产性收入	1 587	492	754	1 028	2 590	3 003
	转移性收入	4 323	3 460	4 264	3 437	4 764	5 722

资料来源:《上海统计年鉴》(2014)。

　　二是统计数据缺乏核实手段,瞒报现象较为严重。2013 年上海对 1 000 户城市家庭、1 200 户农村家庭进行了抽样调查。即使这些家庭配合调查,也可能出现瞒报现象。一方面,由于抽样调查是对去年收入情况进行的统计,这些家庭在自身计算时,由于理解不同、忘记数据等原因,可能会影响数据的真实性,尤其是当前居民收入多元化结构现状加大了填报难度。另一方面,也可能会出现瞒报情况。而统计部门目前除了靠样本户自报外,没有其他途径来核实居民收入数据的真实性。

三是官方数据与学者认知差异较大。鉴于目前国家统计体系存在的明显缺陷,许多专家学者尝试用其他方法获得数据。从现有数据库整理情况来看,目前国内关于收入分配认可度较高的数据库包括北京师范大学中国收入分配研究院的中国居民收入调查(CHIPS)、西南财经大学中国家庭金融调查研究中心的中国家庭金融调查(CHFS)、北京大学中国社会科学调查中心的中国家庭追踪调查(CFPS)及中国人民大学中国调查和社会中心的中国综合社会调查(CGSS)等(见表3)。这些数据库开辟了收入分配分析新的视角,充实了国内收入分配领域的研究。从这些数据的结果及学者们利用这些数据库分析的结论来看,与目前官方的数据相差甚远。以最低收入与最高收入差距为例,从中国家庭金融调查数据来看,2010年最高收入5%的家庭收入占总收入的44%,而根据统计年鉴的数据,这一数值仅为15%;以基尼系数为例,根据中国家庭的金融调查数据,2010年我国基尼系数为0.61,而根据国家统计局数据,2010年为0.481(2013年为0.473)。

表3　目前国内收入分配相关权威数据库列表

机　　构	数据库	获取方法	调查对象	更新频率
统计局	统计年鉴	抽样	城镇住户和农村住户	一年一次
北京师范大学中国收入分配研究院	CHIPS(中国居民收入调查)	抽样	城镇住户、农村住户和流动人口	不定,目前共进行四次,分别为1988年、1995年、2002年和2007年
西南财经大学中国家庭金融调查与研究中心	CHFS(中国家庭金融调查)	抽样,电话回访	城镇住户和农村住户	每两年跟踪一次,2011年、2013年两轮
北京大学中国社会科学调查中心	CFPS(中国家庭追踪调查)	抽样	城镇住户和农村住户	2010年、2011年和2012年三年数据
中国人民大学中国调查和社会中心	CGSS(中国综合社会调查)	抽样	城镇住户和农村住户	每10年为一个阶段第一阶段:2003年、2005年、2006年、2008年数据;第二阶段:目前已有2010年和2013年数据

资料来源:根据相关数据库网页资料整理。

这些专业的数据库是国内关于收入分配数据的有益补充,有助于从多个层面了解、分析当前收入分配情况,但是这些收入分配数据统计采取的都是入户抽样调查的方法,从而也会产生统计局抽样调查所可能存在的问题。可见,目前关于收入统计调查发生的是系统性偏差,从而无法真实反映居民收入分配状况。这一问题很难在现有的住户统计样本和现有的调查方法范围内得到彻底解决,需要探索另外的途径。

1.2.2 运用大数据分析收入分配状况是收入分配决策科学化的必然要求

大数据既指一种海量的数据状态及其相应的数据处理技术,也是一种新的思维方式,是一系列新理念、新方法、新要素的集中体现。它通过总量数据的概念,借助多个渠道核实,保证了数据质量,可以为解决收入分配问题提供新的思路。为此,国务院发布《关于运用大数据加强对市场主体服务和监管的若干意见》和《促进大数据发展行动纲要》,要求各地紧密联系当地实际,在收入分配调节、宏观管理、税收征缴等领域重点实施大数据示范工程,通过开展大数据试点,完善相关领域数据的采集和利用机制,建立"用数据说话、用数据决策、用数据管理、用数据创新"的管理机制,提高宏观调控的科学性、预见性和有效性,加强对宏观调控决策的支撑。可见,运用大数据分析本市收入分配状况,既是收入分配数据特点的客观要求,也是落实国家要求、实现收入分配决策科学化的必然选择。

表4 大数据分析方法与传统方法的对比

项 目	传统方法	大数据方法
数据规模	较小,以 MB 为基本单位	至少以 GB,甚至 TB、PB 为基本单位
数据采集手段	抽样	全体数据
数据类型	单一	多样化、多类型
判断方法	基于因果假设	基于海量数据相关关系
演绎方法	基于模型的孤立推算	大数据、算法、上下文、知识积累等融合进行的数据挖掘
分析内容	描述性	预测性、事实性
分析结果	精确性比较重要	实时性更重要

资料来源:结合《大数据:概念、技术及应用研究综述》整理。

1.3 运用大数据分析收入分配状况的可行性

1.3.1 政府部门间数据共享是大势所趋

政府部门大数据的特性可以表述为积累丰富、安全性强和数据多样化。基本上每个政府部门都有自己的存储机构,用于存储公共或机密信息,而且并不愿意分享各自的专有信息。而收入分配作为一项基本民生,解决收入分配问题的基础在于对收入分配真实状况的客观认识,就必须整合各部门间收入分配相关数据,推动收入分配相关领域数据的共享非常迫切。为了充分利用政府数据,通过数据挖掘分析发挥政府部门数据的潜力和价值,国务院于近日发布《促进大数据发展行动纲要》,要求在明确各部门数据共享范围边界和使用方式的基础上,推进基础数据资源及信息系统数据跨部门、跨区域共享,通过加快部门间的互联互通,提高政府服务和监管水平,这为推动收入分配等领域数据的共享提供了良好时机。

1.3.2 较多领域大数据建设实践提供了技术支撑

目前大数据在收入分配方面的直接应用实践较少,这一领域需要加深开拓。但是,大数据在医疗、教育、通信等领域的广泛应用对大数据系统建设进行了深入

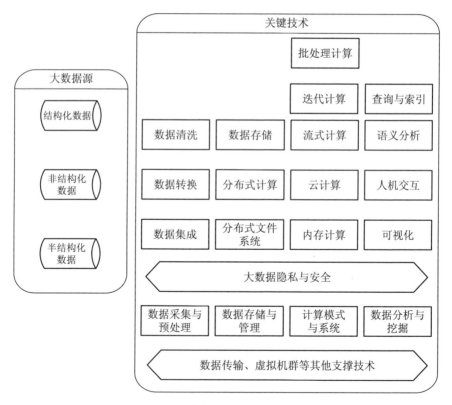

图 1 **大数据技术流程总结**

探索,形成了固有的数据建设、开发应用模式,提供了强有力的技术支撑。从流程来看,主要包括数据采集、存储、处理和挖掘分析四个过程,每一个过程都有相应的技术支撑和数据处理要求,对于这些流程的总结和技术支撑的明确,有助于指导本市收入分配领域大数据开发应用。

1.3.3　运用大数据分析收入分配状况的若干实践提供了参考依据

当前,为了更清楚地了解工资、收入等情况,已经有机构率先运用大数据进行了初步探索,虽然目前的探究还不成体系,但是已经产生了一些影响,同时也为运用大数据分析收入分配状况提供了参考依据。比较典型的是看准网和猎聘网的一些分析。其中,看准网是直接根据网友数据,分析各行业各公司各职位的工资情况;猎聘网作为专业的猎头网站,以自身大数据分析为基础,发布了《2015 年上半年互联网行业中高端人才生态报告》,对这一行业中高端人才的收入情况进行了分析,全面还原了一个生动的中国互联网行业生态。

2　上海收入分配大数据建设基本框架设计

2.1　总体思路

运用大数据分析上海收入分配状况,应以国家大数据应用的相关意见为指导,从收入分配分析的需求出发,坚持目标导向、应用目的,以政府为主导,吸引社会力量合作开展收入分配领域大数据试点,通过建设收入分配大数据平台系统,整合相关政府部门数据资源,对接金融领域、社会领域数据,完善上海收入分配数据采集、挖掘机制,以数据采集促进分析应用,以分析应用推进数据采集,从而揭示上海收入分配实际状况,为上海收入分配政策的完善提供参考依据。

2.2　基本原则

上海收入分配大数据建设基本框架设计的基本原则为:

规划引领、制度保障。从收入分配数据平台建设的总体出发,加强平台顶层设计,系统规划、健全制度,推进平台建设,保障平稳、安全、高效运行。

目标导向、需求牵引。大数据的一大特点是海量数据、价值密度低，因此在数据采集、分析时，必须坚持目标导向，从收入分配领域研究的实际需求出发，明确大数据系统的建设需求，开发大数据应用，充分发挥数据价值。

政府主导、社会参与。以收入分配大数据平台建设为试点，通过政府主导，整合政府部门收入分配相关数据。同时，积极吸收社会数据，吸引社会力量参与数据采集、分析、挖掘进程，促进收入分配大数据的应用。

协同推进、成果共享。全面部署、统一协调，积极促进相关政府部门之间的数据共享和监管联动，明确权责、分工协作，共同推动数据平台建设，共享数据成果，推动收入分配研究深化，为优化政府决策提供支撑。

2.3 基本框架：主要流程

2.3.1 大数据采集

大数据采集可以从以下几个层面选取数据来源：

一是对接政府部门积累数据。主要涉及可以在一定程度上说明居民收入情况、财产状况的部门。居民的各类收入、财产等数据散落在相关委办局和单位，通过有效整合和分析这些数据，可以较为科学地核查居民经济状况。第一，出入境管理局。基于目前出国旅游人群以中高收入为主，且申请签证时需要提供证明个人经济状况的文件，包括单位出具的工资证明或银行存款证明等。通过对个人经济状况相关文件的数据进行挖掘，可以在一定程度核实个人收入情况。第二，住房保障局。房屋作为居民重要的财富组成部分，虽然只有在一定条件下才能转化为收入，但是基本上可以说明居民收入阶层。第三，税务系统。根据个人所得税法相关规定，企业员工的工资薪金需缴个人所得税，税金由企业从工资中代扣，相对规范，因此通过税务系统积累数据，可以涵盖工薪收入部分。同时，由于个人所得税较大部分来自中低收入人群，且这类人群收入主要由工薪收入构成，因此通过税务数据可以较为准确地获取中低收入人群的收入情况。第四，社保部门。主要是基于公积金缴纳数据根据个人工资确定这一计算方法，反推个人工资收入。第五，人保、民政等部门，主要获取转移性收入。第六，居民经济状况核对系统。目前上海收入核对系统已经比较成熟，对于低收入群体收入数据掌握相对准确，借助这一系统数据积累,可以覆盖低收入群体。

二是对接金融系统。包括传统金融机构和互联网金融机构。一方面,可以通过银行存款、银行工资单、证券账户资产、理财产品、保单等情况,分析居民个人收入情况。另一方面,也可以通过信用卡授信额度、购房贷款申请所需收入证明等材料,侧面挖掘分析居民收入情况。

三是吸收社会数据。第一,发挥电商平台数据优势。主要是用消费数据侧面分析收入分配情况。以阿里为代表的电商平台,其业务范畴几乎涵盖了日常生活的方方面面,从传统的购物消费到打车、餐饮娱乐服务,基本上都可以通过电商平台获取,也因此积累了海量数据。第二,关注招聘网站数据。主要是对招聘岗位的薪资水平,通过数据挖掘,考察行业收入情况。目前这方面已经有了初步的探索,如看准网、猎聘网等网站积累了大量的招聘信息,而这些招聘信息在发布时大多给出薪资水平,通过对这些数据的分析,可以判断不同行业、不同公司、不同岗位的薪资情况,借助大数据挖掘技术,可以知晓从业人员的收入水平。

2.3.2 大数据存储与整理

数据存储的主要内容是构建统一的收入分配数据平台。在服务内容方面,该平台需要实现对各个数据源的数据采集、汇总、整合、校验、查询等功能,满足对收入分配数据的查询、比对分析、统计汇总等需求;在安全保障方面,实现对数据的合法性检查、病毒查杀、加密传输等信息安全保护;在运行管理方面,该平台应形成一个中心、多个节点的一对多集中管控模式,实现运行监管的统一管理。

2.3.3 应用分析

构建收入分配大数据平台的最终目的是为了在数据整合的基础上,通过数据挖掘分析,发挥数据价值,提供政策支持。因此,为了促进数据应用,一方面,应充分发挥平台公信力,由平台发布收入分配相关指数,增加平台影响力;另一方面,要积极向研究者开放,通过发挥社会力量,吸引高校、研究机构等利用收入分配大数据挖掘分析,形成关于上海收入分配状况研究的热潮,为收入分配制度改革提出更多、更好的建议。

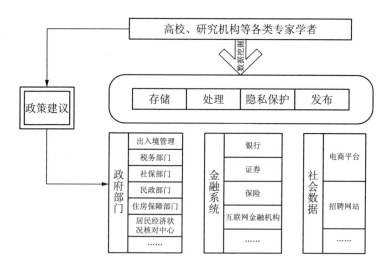

图 2 收入分配领域大数据统计分析平台框架

2.4 推进中可能存在的问题

2.4.1 政府部门间可能存在数据共享难的问题

政府部门之间的数据信息各自为政由来已久,收入分配相关数据比较敏感,要实现部门间收入分配数据共享可能会存在一定的难度。一方面,从理念上可能比较难以达到共识,另一方面,从技术层面,由于各部门数据平台自行设计、开发,数据标准、规范不统一,要实现数据对接存在一定难度。

2.4.2 法律障碍可能会影响数据采集

以金融机构为例,银行存款信息并没有汇总在中国人民银行,而是散落在各商业银行。根据《中华人民共和国商业银行法》规定,"商业银行办理个人储蓄存款业务,应当遵循存款自愿、取款自由、存款有息、为存款人保密的原则。对个人储蓄存款,商业银行有权拒绝任何单位或者个人查询、冻结、扣划,但法律另有规定的除外"。《中华人民共和国证券法》也有类似表述。因此,在对接金融系统数据时,可能会存在一定的难度,需要设法解决。

2.4.3 数据质量会对数据处理整合产生影响

各个部门数据的完整性、更新频率、数据记录方式各不相同,包括结构化、半结构化和非结构化数据,在海量数据的情况下,如何有效实现数据间的整合、匹配,对较为系统、全面地分析收入分配情况至为关键。

2.4.4　数据安全问题

收入分配数据涉及居民隐私,一旦泄露,后果非常严重。因此,在推进收入分配数据整合时,必须保证居民数据安全,防止数据泄露、篡改等安全问题发生。

3　保障举措

3.1　建立组织机制保障,加强顶层设计

政府部门信息资源共享是一个综合性的问题,大数据技术的应用只是从政府外部推动信息资源共享,更重要的是行政体制方面的突破。应在顶层设计、统筹协调的基础上,建立健全工作机制和数据平台运行机制,加强部门沟通协调,明确各部门数据共享的边界范围和工作方式,大力推动相关部门数据互联,加强收入分配相关数据关联分析和融合利用。

3.2　强化信息安全保障,树立数据平台公信力

一是做好数据保密性要求,保障平台数据公信力。严格按照国家关于涉密信息系统分级保护和非涉密信息系统信息安全等级保护的有关规定,将收入分配数据平台建设与安全保密措施有机结合,保障信息安全,防止居民个人隐私及其他重要业务数据被外泄、篡改和滥用。二是完善数据安全制度建设,建立标准体系和工作制度,科学规范地利用大数据,切实保障数据安全。

3.3　做好资金投入保障,保证平台建设有序开展

科学核定收入分配大数据平台建设内容,准确评估新建、改造、系统对接和运营维护费用。积极与财政等部门协调沟通,结合智慧城市建设,形成以财政投入为主的经费保障机制。同时努力拓宽资金来源,争取各方支持,充分利用各种政策允许使用的业务资金,推动平台建设。

参考文献

〔1〕McKinsey Global Institute，"Big Data Report：The next frontier for innovation，competition and productivity"，2011.5.

〔2〕刘念真：《利用 Oracle 信息模型驾驭大数据》，http：//wenku. baidu. com/link?url＝AUSPx7PSglBuaHmBDehM0Kqk0NV2r-V53l8ghgHJltGNmsbQhVr2wr_RFwRpk-CbZL0HXpsmn_5u0-yB7_rPWmvqXAJulKgNCcWohmH7GwRO，2012.9。

〔3〕谢然：《大数据应用案例 TOP100》，《互联网周刊》2015 年 3 月 20 日。

〔4〕方巍、郑玉、徐江：《大数据：概念、技术及应用研究综述》，《南京信息工程大学学报：自然科学版》2014 年第 6 期。

〔5〕谢资二：《大数据在政府统计中的探索与应用思考——以南通市综合数据平台建设为例》，《统计科学与实践》2013 年第 10 期。

〔6〕淄博市经济和信息化委员会：《"大数据"现状及发展浅谈》，《学习与思考》总第 147 期。

多渠道推进大学生创业问题研究

殷文杰

2015 年"大众创业、万众创新"写入年度政府工作报告,并且提升到中国经济转型和保增长的"双引擎"之一的高度,显示出政府对创业和创新的重视。从创业的角度看,创业是就业之本,推动实现更高质量的就业在一定程度上有赖于促进更高质量的创业。由于高校扩招、其他就业群体规模扩大、高素质就业岗位仍显不足等原因,促进大学生就业一直是我国就业工作的一项重要任务。如何发挥社会力量支持大学生创业,以创业带动就业成为一个迫切而现实的课题。本研究以社会力量参与大学生创业为研究案例,充分借鉴国外支持大学生创业的成功经验,探讨社会力量支持大学生创业的问题、方向和抓手,以期鼓励和支持大学毕业生创业,为其提供成功经验借鉴,同时也为政府和社会各方面力量支持人才创业提供方向与举措建议。

1 多渠道参与和支持大学生创业的必要性和可行性

1.1 推进大学生创业是就业保障的重点工作

就业是民生之本,是国家经济社会长远发展的基石,就业保障是历届政府致力做好的重点工作之一。党的十八大报告提出"鼓励多渠道多形式就业,促进创业带动就业"。关注重点群体的就业工作,是各级政府做好就业保障工作的重要抓手。特别是以大学毕业生为代表的青年群体更是各级政府就业工作的难题和关键所在。各级政府和高等院校努力加强就业指导,落实高校毕业生就业促进计划,并鼓励心怀梦想的大学生到基层就业。同时,在"大众创业、万众创新"的大好形势下,鼓励和引导大学生创业,激发最具创造力和进取心的大学生群体积极投身创业,使其成为最具活力的市场细胞进而释放出巨大的动能,也具有重要的现实意义。

1.2 积极鼓励创业引起各级政府高度重视

2015 年李克强总理在政府工作报告中明确指出:"大众创业、万众创新""着力促进创业就业。坚持就业优先,以创业带动就业。"国务院 2015 年 4 月印发的《关于进一步做好新形势下就业创业工作的意见》中提出:深入实施大学生创业引领计划、离校未就业高校毕业生就业促进计划,整合发展高校毕业生就业创业基金,完善管理体制和市场化运行机制,实现基金滚动使用,为高校毕业生就业创业提供支持。为了破解大学生就业难题,近年来从中央到地方都出台了一些应对措施,其中鼓励大学生创业被摆在了突出的位置。新一届政府更是高度重视创业,将创业视为就业之本,将创业带动就业视为实现更高质量就业的有效手段。

1.3 扶持大学生创业逐步成为社会共识

高校扩招后的大学生就业问题在近几年尤为凸显。如何引导高校毕业生理性看待就业和创业问题,也成为高校和政府的棘手问题之一。发挥政府、企业、高校多方社会力量的作用,引导学生建立正确的择业观、就业观和创业观,逐步成为共识。近年来,为解决大学毕业生就业问题,各方采取了一系列促进高校毕业生就业的多种举措,如鼓励高校毕业生自主创业和灵活就业,为他们提供税收优惠、小额贷款和创业培训。同时,各种专业化的中介机构和公益组织也发挥了积极作用,通过各类项目扶持大学生创业。可以说,社会力量的参与为大学生创业提供了更专业的支持、更全面的帮助和更深度的引导,促使高校和政府在这个问题上调整更加积极,从而发挥重要作用。

1.4 建立多渠道扶持大学生创业的格局势在必行

作为鼓励大学生创业的重要引领性文件,大学生创业引领计划中提出了如下预期目标:2014—2017 年引领 80 万大学生创业。以现在大学毕业生的创业水平来看,若要达到这个要求,仅依靠政府的力量恐怕难以做到。从统计数据看,大学生创办企业和自主创业的人数并不多、比例还较低,创办的企业还比较脆弱,政府和高校为大学生提供的服务远远满足不了创业的现实需要。实践证明,政府和高校的投入和关注虽然能为大学生创业提供基本的创业技能支撑和部分政策环境保障,但仅是高校和政府这两方要全力帮助大学生实现创业,存在很多局限,有很多企业初创过程中的瓶颈问题仍无法解决,无法真正激发大学生的创业活力和创业能力,也无法真正满足大学生创业服务的需求。要使创业创新成为全社会共同的价值追求和行为习惯,不断增强创业创新意识,厚植创新文化,就必然需要社会各界的参与,多渠道扶持大学生创业势在必行。

2 我国大学生创业体系存在的主要问题

2.1 推进大学生创业相关政策体系初步形成,政策真正落地难

我国目前已逐步形成了推进大学生创业的相关政策体系,但推进过程中仍然面临着一些问题,主要包括政策宣传不够,渠道不通畅,政策知晓度不高;多部门件配合协作机制未形成,统筹安排有待加强,政策落地困难等方面。

2.1.1 大学生创业相关政策知晓度不高

虽然国家对大学生创业的活动非常支持,出台了一系列的政策支持大学生走出校门去创业,但是学生对于国家政策的知晓度并不高。主要原因有两个:一是学生了解政策的渠道不畅通。政府与高校之间并没有建立就业创业的通道联系,相关创业政策的宣传并未覆盖目标群体,没有快速可达的渠道深入学生群体,学生主动了解政策的积极性也未被有效激发,导致学生对于政府一系列政策的了解并不理想;二是政府和学校缺少专门针对大学生创业的政策辅导和梳理。制定政策的部门往往涉及各个条线,业务的审批和办理流程一般较为繁琐。学生对于政府整套办事的流程不熟悉,如何实质性获得各个部门的政府组合优惠成为难题,往往会在办理过程中产生畏难情绪,政府和学校也缺少针对这部分学生的辅导和梳理,使得学生对相关政策的理解浮于字面,难以真正领会乃至获得实质性政策优惠。

2.1.2　相关政策落地操作存在瓶颈

近年来政府各部门对于大学生创业一直持肯定态度,但政出多门、互不相关的情况依然存在,相关政策要真正落地仍存在问题。主要包括以下几个方面:一是政策缺乏有效整合和统筹安排。创业的支持政策涉及多个职能部门,各部门处于各自为战状态,资源分散,合作配合不够,一些地方政府职能部门除教育系统、劳动保障系统外,其他系统如银行、保险、工商等还没有真正执行扶持大学生创业的配套政策,导致创业扶持政策不连贯,缺乏推进创业的部门联动服务机制,各项优惠难以真正落到实处。如上海市推出"零首付"企业登记制度,但是据了解,首批 6 家"零首付"登记成立的大学生企业,在获得营业执照后,几乎都遇到了无法开设银行账户的尴尬,给大学生创业造成了困扰。二是政策实际操作落地存在"最后一公里"的问题。相关部门出台相关政策后,并未出台细则和操作指南,使得政策只能成为政策,实际操作中无法落实,政府层面的创业服务不力,因此无法真正发挥作用。

2.2　大学生创业能力不强,社会、学校和企业三方合力尚未形成

创业是解决就业的主要途径,但目前大学生毕业后创业能力有限,因此首先考虑的仍以就业为主要方向,自主创业的意识不强,社会对于大学生创业的认同度也不高,创业氛围并不宽松。同时,企业、社会组织等社会力量参与的积极性并未显现。

2.2.1　大学生自身的创业意识和能力有待提高

与美国大学生 20％的创业率相比,我国大学生的创业率仅为 1％。有调查显示,有创业意向但付诸行动的大学生极少。主要原因有两点。一是缺乏有效的创业教育。大学生是最有创造力的一个群体,但目前高校中缺少有效的创业教育,导致大学生创业的原始冲动和潜在能力未被发掘,部分学生有萌芽初期的创业意识却缺少积极引导和有效放大。二是学生创业热情并未被有效激发。在"唯收入、唯岗位"的成功体系框架下,在唯成绩论的应试体系约束下,一部分学生独立成长、追求自我成功的意识被压制,缺少创业所需的坚韧自信的心理品质,基本安于在现有成熟的企业中寻找自己的位置,缺乏创业精神和敢闯敢错的劲头。部分

有创业意识的学生,也存在着畏难怕错的心态,"守""等"的心态束缚了他们的行动,创业潜能未被有效激发。

2.2.2 社会对于大学生创业的认同度不高

一是社会对试错的容忍度不够,创业整体氛围比较紧张。全国大学生只有4.5%的人在创业,成功的只占0.6%,极低的成功率使得一部分持观望态度的学生产生了畏难退缩情绪,最终放弃了创业。安于现状、害怕失败等都是禁锢大学生创业理想的重要障碍,来自父母、亲友、师长等方面的经验也多以就业为毕业后的首选,选择创业将会面临来自各方面的压力和阻挠。二是大学生创业门槛较高。有调研反映,大学生创业最缺的条件主要是资金,创业所需成本高企,对设立企业有场地、资金、人员等多方面的要求,初创期的小微企业往往无法满足诸多细致的要求,也使得有这个想法的学生望而退步。例如,浙江省政府制定了许多高校大学生创业资助政策,但资金难以落到实处,获取资金手续繁杂,从而导致创业资金不足仍然成为阻碍大学生创业的一大门槛。在对高校参与大学生创业的教育调查中,浙江省内的52所高校中只有1所高校做到了"与多家银行建立战略合作关系,为创业者提供贷款",说明目前银行较少真正落实为大学生提供资金支持。

2.2.3 学校、企业、社会组织等多方构建的大学生创业支持体系尚不完善

一是校企合作多停留在表面,并未形成良性互动。学校和企业之间的合作往往只停留在设立实践基地等简单层面,而企业出于商业机密保护等考虑,往往只为学生提供简单的日常工作岗位。学生无法从实践中获取企业运营管理、商业模式等核心信息,从而无法从实践过程中激发创业兴趣,学习经营管理的知识和技能,进而发现真正的创业之道。根据浙江省的一次调查,目前52所高校有38所高校和政府部门在创业教育中建立了合作。但其合作主要是政府部门在校设立创业园、创业实习基地、创业孵化基地,即以提供场地的形式进行合作(其所占高校比例为68.42%),其他方面的合作很少。二是创业扶持中介组织专业化程度不够。目前国内出现了一批服务于学生创业的社会组织或者是创业扶持项目,如中国青年创业国际计划(YBC)、泛海公益基金会等,在大学生创业方面做了大量的工作和创新,但从总体来看,专业化的创业服务机构、创业信息机构等依然缺口很大,缺位情况比较严重。简而言之,创业中介服务还不发达,学生在创业和发展过

程中存在融资难、项目选择难、场地落实难等问题,而创业者自身又难以化解和解决,迫切需要相应的社会中介组织和服务机构帮助解决,而这方面的社会化服务机构较为欠缺。三是大学生创新创业市场环境有待优化。创业公共服务机制还不够完善,全国尚未形成一个相互贯通的创业服务平台体系,为创业者提供开业指导、创业咨询、创业扶持等"一条龙"服务,同时创新创业市场竞争秩序有待规范,相关流程必须公开透明。

2.3 创业教育和创业培训存在缺位

我国大学生所表现出来的创业意识不强、创业能力不足、创业技能缺乏等问题,实质上都与我国高等教育中创业教育与创业培训存在缺位密不可分。目前,没有一个合适的平台为学生提供创业应有的意识引导和技能培训。

2.3.1 创业教育指导缺少专业师资力量和专门课程设置

一是专业师资力量配备方面存在缺位。目前开展创新创业教育的高校,教师大多缺乏企业管理和创业的经验,有的只是接受了短期的培训,讲课内容重在理论分析,无法真正培养学生的创业意识和能力。当前,我国创新创业教育的师资力量主要来自学生就业工作的行政口和商业教育的教学口,或是高校辅导员,缺乏专业的师资力量推动学生创业启蒙,针对性的创业指导和实践技能传授存在缺位。在一份对"浙江省高校在创业教育方面遇到的主要困难"的调查显示,52 所高校中 82.69％高校选择了师资不足,位居第一;在对"高校最希望政府部门在大学生创业教育中提供支持"的调查中,智力支持(组建社会创业导师,共同参与高校创业教育)仅占调研高校比例的 26.32％。二是创业教育课程设置不合理。目前我国创业教育课程开设率较低、创业教育整合度不高。高校的创新创业教育不是主流教育体系的组成部分,创新创业课程零碎化,大多为"职业规划""就业指导"之类的系列讲座,无法有效激发学生的创业热情,获得切实有用的创业技能。根据南开大学对我国 107 所 211 高校的创业教育的调查研究,这些高校中只有 41 所开设了创业相关的课程,开课率仅为 38.3％。

2.3.2 创业教育方式过于单一,多方合作深度不够实效不足

一是企业参与大学生创业教育热情不足。通过对杭州、宁波、绍兴、嘉兴、温

州、舟山6个地级市的102家企业的调查显示,虽然有将近93％的企业认为有必要参与大学生创业教育,但其中实际参与大学生创业教育的企业只有30.39％。二是校企合作创业教育形式过于单一。在创业教育方面,高校和企业缺乏深度合作与互动,创业教育方式过于单一,实际产生的效果有限。根据调研,校企合作创业教育的方式主要集中在为创业大学生提供实习岗位,这种方式缺乏全程化和多元化的参与,学生在实践过程中收获很少。同时,创业夏令营、课外俱乐部等国外比较常见的创业培训方式在国内也鲜有发展。

3 推进大学生创业的经验借鉴

3.1 教育与培训方面:注重创新精神和创业能力培养

3.1.1 促进创业文化的发展,培育创新精神

一是沉淀积累浓郁的创业文化,激发创新精神。在崇尚创业、宽容失败的大环境下,国外的创业文化氛围为创新创业精神的发扬光大提供了肥沃的土壤。据有关资料统计,一些在硅谷成立的技术公司之所以能取得巨大成功,在很大程度上归因于其特有的创业文化——巨大的包容性及其推崇创业、宽容失败和鼓励冒险的文化观念。二是通过各类创业大赛和创业项目营造良好的创业氛围。各类创业大赛和创业项目为大学生提供了学以致用、实践实战的平台,学生在过程中既能体验初创企业的实际操作,又能避免由于经验缺乏而造成不必要的损失。同时通过大赛营造了创新创业的良好氛围,激发更多有想法的青年人投身其中。如美国麻省理工学院的“五万美元商业计划竞赛”每年都会产生5—6家新型企业。据统计,美国最具影响力的50家高新技术企业有23家源于高校的创业计划大赛。再如英国王子基金开展的“青年创业计划”,通过联合企业界和社会力量为18—30岁的青年创业者提供咨询和资金、技术、网络支持,该计划平均每年帮助5 000名英国青年创业,创业成功率在60％以上。

3.1.2 注重创业教育体系构建,开展创业教育

一是开展全生命周期的创业教育。创业是一项终身的学习过程,而创业教育是一个涵盖从初等教育到高等教育的全方位教育体系。从国际经验来看,创新创

业教育演进经历了由开始的课程教学到专业教学,再到后来的学位教学的过程;从一开始的片面功利性职业培训到非功利性系统化教学过程,最终形成了较为完善的创新创业教育研究体系。如"创新之国"瑞典建立了一套完备的创业教育体系,该体系涵盖从初中、高中、本科直到研究生的正规教育,是国民教育的重要组成部分。该体系的重点是建立创业教育研究会、高校创业中心,在各级各类学校开设创业学课程,并设立"创业管理"的本科和研究生专业等。二是拥有完善科学的课程设置和教育体系。系统化的课程设计为创新创业教育目标的实现和教育理念的落实提供了科学基础。如美国、德国、芬兰等国家都将创业教育纳入国民教育体系。在以创业教育发展最为成熟的美国,创业学是其发展最快的学科领域之一。1967 年,斯坦福大学和纽约大学首次开设了当代工商管理硕士创业教育课程体系。到 2005 年,全美开设创业学课程的高等院校超过了 1 600 家。美国的创业教育涵盖了从初中、高中、大学本科直到研究生的正规教育,创业教育课程体系非常完备,包括企业融资、创立、管理等方面内容。

3.1.3 致力创业能力的培养,聚焦创业实训

创新创业教育与各种创业实践活动密不可分,国外普遍注重创业实践和实训效果,通过模拟创业实践或参与真实企业实训提高学生的创业兴趣和能力。一是开展各类实践实训活动。如美国的创新创业教育强调"以行动为导向,经验引导的体验",实践多于规则的讲授。美国很多商学院通过模拟创业和第二课堂等形式创造课外实践机会让学生更好地体验创新创业。各大高校经常组织创业俱乐部和创业咨询会等活动,如加州大学伯克利分校创业与技术中心通过举办"A.理查德·牛顿杰出创新认识系列讲座"与业界著名人士探讨各类挑战性的问题并研究解决方案,从而提高学生的实践能力。二是拥有强大的师资力量。教师的素质是实现培训目的的关键,教师的选拔首先应该注重教师的业务能力。例如美国百森商学院的师资要求必须有创业经验风险投资家、创业家和实业家、初创企业的高级管理人员。再如英国的创业教育课程分为"为创业"和"关于创业"两类课程。"关于创业"的课程中 61％的教师有过商业管理经验,36％的教师有过创业经历。"为创业"课程中 98％的教师有过实业管理经验,70％的教师曾经创立过自己的企业。与此同时,丹麦、法国、芬兰、英国和挪威等国还实施系列提高教师的企业

专题四 社会事业与公共服务 161

家知识和技能的计划,旨在充实创业教育师资队伍、提高创业教育师资水平。

3.2 创业政策方面:降低创业成本,提高创业成功率

3.2.1 配套多种优惠政策,降低大学生创业成本

主要看来包含两种类型的政策。一是以降低大学生创业经济成本为目标的政策。这类政策是政府出台的主要优惠政策,如加大税收减免返还力度、推出各类补贴优惠和贷款优待等。如泰国政府对 1—4 人的微型企业和自谋职业者,如其年收入不超过 5 万铢,则不需登记注册,不收任何税费。再如韩国政府为了鼓励毕业大学生将优秀创业想法和项目付诸实践,对大学生的创新项目投资给予 30% 的税款返还,以激发大学生的创业热情。二是以降低大学生创业时间成本为目标的政策。主要指简化企业行政审批流程、绿色通道等方面的政策优惠。如美国出台了简便的新公司申请手续、较低的税率保证、健全的信用制度等许多有利于大学生创业的政策和法律文件,保证了创新创业活动的有序进行。再如英国通过教育与技能部、贸工部、财政部和首相办公室四个部门联合制定与创新创业有关的立法和政策,建立了良好的大学生创新创业的政策环境。

3.2.2 提供创业全过程服务,提高大学生创业成功率

大学生创业者社会经验较为缺乏、创业压力相对较大。国外政府为其提供全过程的服务指导,改进其创业计划与经营策略,提高其成功的可能性。如瑞典是创业成功率较高的国家,政府制定了严格的创业前的审查程序,包括明确创业扶持对象、提供免费培训、创业人申请创业、审查创业计划、提供政策扶持等。此外,瑞典的咨询专家还对创业情况进行跟踪了解;按创业三年以后还能坚持经营的标准来衡量,瑞典全国平均创业成功率能达 60% 左右。再如,韩国成立了以大学为中心的"创业支援中心",对大学生要求进入创业中心的申请进行严格筛选,进入中心的大学生可以得到创业指导和咨询等"一条龙"服务。这种严进宽出的政策保证了韩国大学生创业的成功率,因此,韩国青年的创业愿望较高。

3.2.3 加强创业信息服务,提高孵化器的运作效率

在企业初创阶段,大学生通常会面临信息不对称、资金缺乏等问题,若能在这个阶段有针对性地给予帮助和支持,将大幅提高大学生创业的成功率,孵化器便

是这样一个实现信息互通和提供各类支持的机构。如印度在 2000 年建立科技孵化中心促进高技术初创企业的发展。其优质的服务和标准化的管理，为国内软件企业的创立创造了良好的条件。再如法国专门成立了隶属于法国青年、国民教育和研究部的青年挑战署，作为法国第一个年轻创意和青年项目孵化器，主要培养和促进 15—28 岁青年的创新意识，并给予青年创业项目具体的评估、指导和资金援助。

3.3 创业支持方面：各方充分参与，提供多元化创业服务支撑

3.3.1 发挥金融工具作用，扶持大学生创业

一是设立各类创业公益基金。很多公益性基金也会通过提供经费的形式资助创新创业教育活动。如英国高等教育创新创业教育的经费除了来源于政府拨款外，还有一条被称为"第三条途径"的政府设立的基金会：高等教育创新基金，意在加强校企合作；科学创业挑战基金，致力于为创业教育和知识成果转化提供资金；新创业奖学金，致力于帮助弱势群体开创事业，走上独立自强的道路；全国科学技术和艺术捐赠基金，支持拔尖人才、促进创新和创造力。再如美国的考夫曼创业流动基金中心、国家独立企业联合会等机构通过提供经费支持创业大赛、奖励优秀学生、开发创业课程与实践活动等方式对高校的创业教育提供资金和智力支持。二是积极创新金融帮扶模式。如天使基金、风险创投等。美国的创业教育资金来源多样，美国政府鼓励风险投资和天使投资为创业者提供资金支持，目前，每年大约有 30 万—35 万天使投资人对 5 万个项目进行投资，天使投资市场规模保持 300 亿美元左右，天使投资已经占到创业投资总额的 40％—50％。同时，企业家会向高校的创业教育中心捐助，以支持创业教育的开展。

3.3.2 发挥校企社会责任，提供全方位创业服务

一是中介机构的专业化服务。如韩国设有专门的创业组织机构，专门针对新生的中小企业创业者提供创业咨询建议和规划服务，在实践中也衍生出了融资市场和技术等资源交换渠道。以色列政府也设立了大量的创业服务机构，如贸易研究院和工业研究中心等，主要为中小企业提供管理人员培训服务，吸引风险投资。二是政府职能部门以及政府、企业与社会组织的跨界合作。如英国的地方发展局

是一个由公共资金支持的半自治组织,与高校和其他创业支持组织建立合作伙伴关系,提供了各种项目(如威尔士发展局的"青年创业战略"),同时为学生提供资金、咨询和指导。再如,美国中小企业管理局(SBA)可以为准备创业和正在创业的组织与个人提供低收费或者免费的技术支持。大学内部的中小企业发展中心(SBDC)为创业者提供各类咨询,并通过举办研究讨论会为创业活动提供各种服务。

3.3.3　构建多方共赢体系,实现良性循环

在一些发达国家,高校与各大企业的互动联系非常密切,这在创业与教学、创业与创新中的体现非常突出。如麻省理工学院为了促使教育与科技产业发展之间的充分结合,以低价对企业提供基础设施和土地,并提供法律咨询等措施,对校友企业的快速发展非常有利,反过来形成的园区企业又能够为学校提供更多的财力促使高素质人才的培养,而学校可将丰富的人力资源输送给园区;与此同时,研究所、实验室等作为学生的实习基地,对学生了解企业的发展和需求对于自身创新与创业的实现非常有利。再如瑞典的高校创业中心致力于通过与社会建立广泛的外部联系网络,如各种创业者校友会、创业培训与资质评定机构、风险投资机构、孵化器和科技园等,有效地开发和整合了社会各类创业资源,形成了高校、社区、企业良性互动式发展的创业教育生态系统。

4　进一步推进大学生创业的对策建议

为了激励更多心怀梦想的优秀大学生创业,打造更多成功的青年企业家,孵化更多有规模、有品牌的企业,全面提升大学生创业能力,在现有的政策基础上,我们有必要更新观念,完善制度环境,提升扶持手段,多角度全方位帮扶大学生创业。

4.1　升级观念,着力转变对大学生创业的认知

4.1.1　树立统筹观,实施多部门联动合力推进的局面

要不断提升全社会对大学生创业的认识,树立统筹观大局观,形成合力。推

进大学生创业需要多部门合作、协同作战,积极协调,凝心聚力,达到事半功倍的目的。

4.1.2　紧扣时代需求,提升管理服务部门的认识水平

要不断提升各级管理部门对大学生创业的认识,结合当前"大众创业、万众创新"的形势,及大学生创业实际问题与需求,切实做到三个转变:由单一的创业教育向丰富的创业实践转变,由单纯的创业指导向持续的创业帮扶转变,由过程导向向结果导向转变。

4.1.3　加强宣传教育,构建积极理性的大学生创业意识

要不断提升大学生自身对创业的认识,建立多维立体大学生创业宣传和教育体系。一方面,完善家庭、学校、企业、社会等多角度的创业宣传,激发大学生的积极创业、理性创业意识;另一方面,从职业技能、心理素质、实践能力提高大学生的创业能力,激发大学生创业者投身创业的热情,培养大学生迎接挑战的素质。

4.2　完善制度,构建社会力量参与大学生创业的配套环境

4.2.1　完善社会力量参与大学生创业的制度环境

要结合当前大学生创业服务的需求,加快推进社会力量参与大学生创业制度体系建设,建立健全大学生创业教育、创业培训、创业服务等领域的法律法规,促进大学生创业服务的系统化、规范化、制度化发展。

4.2.2　创新政府部门、社会组织与企业主题的合作机制

要创新政府部门、高校、园区、社会组织与企业主题的合作机制,拓展合作领域,充分发挥企业、社会组织等社会力量在创业教育、实践等环节的优势,拓宽大学生创业的平台和渠道,调动企业等社会力量的资金、技术资源,形成政府、社会、个人三方互动的创业环境。政府从直接服务到直接与间接服务相结合,对提供大学生创业服务的企业和社会组织给予相应的政策、项目、岗位等支持。

4.2.3　激发企业等社会力量参与大学生创业的积极性

要积极引导各类社会力量参与大学生创业服务。一是鼓励参与,鼓励企业、公益性社会团体等积极参与到大学生创业服务体系中,提供资金、技术、培训等支持。二是加大宣传和奖励,宣传社会力量参与大学生创业服务体系典型项目、典

型案例和成功创业实践,提升企业社会价值和责任感。

4.2.4 建立公平公正的市场竞争秩序

要建立公平公正的市场竞争秩序,完善政府购买机制,给予社会力量公平参与的机会,引导各类社会力量要积极对接政府需求,开展专业领域的创业培训指导,让创业服务市场更加健康有序发展,实现多方共赢和良性循环。

4.3 提升手段,提高推进大学生创业的政策效果

要进一步提升推进大学生创业的手段,首先要提高大学生创业扶助政策的有效性和精准性。

4.3.1 发挥各类金融工具的作用,丰富创业资金渠道

一是落实大学生创业贷款扶持政策,完善具体实施指导意见。二是鼓励政府、企业共同出资建立公益基金,完善各类创业公益基金。三是积极创新金融帮扶模,构建天使、创投基金与大学生创业项目的高效对接。

4.3.2 完善大学生创业服务平台,构建全过程服务体系

一是增进政府、企业等社会力量的合作,建立完善的大学生创业全过程服务平台,从创业教育、专业培训、政策咨询、创业指导、财务辅助、心理咨询等方面为大学生创业提供全过程服务。二是提升信息化手段,建立和完善大学生创业指导政策信息库、创业案例库、专业知识库以及交流平台,建立大学生创业全程跟踪系统,及时对各类情况进行跟踪指导和数据分析,运用互联网平台提升大学生创业服务能力。

本书参编人员

阮　青	王硕佟	濮海虹	齐　峰	魏　陆
唐忆文	马海倩	王晓艳	沈　杰	沈露莹
屠　烜	张　丽	刘惠萍	宋　娟	石　彬
杨　波	汪曾涛	赵宇刚	王　果	詹水芳
刘　兴	詹歆晔	黄　玥	刘　华	华　夏
朱春临	金哲超	邹　俊	傅尔基	韩　佳
路建楠	姜　静	吴启明	梅圣洁	张璞玉
李凌月	陈心恺	孙征宇	朱菲菲	张一轩
张　苑	潘闻闻	郑　睿	殷文杰	江建全
殷　玥	汤　洁	王雯莹	周继洋	黄晓芬
王莹莹	宋晓宇	范　迪	王开宇	

图书在版编目(CIP)数据

发展改革学术年刊.2015/2016:第六届上海市发展
改革经济学论坛/上海市发展改革研究院著.—上海:
格致出版社:上海人民出版社,2018.4
(上海市发展改革研究院研究丛书)
ISBN 978 - 7 - 5432 - 2820 - 7

Ⅰ.①发…　Ⅱ.①上…　Ⅲ.①区域经济发展-上海-
2015 - 2016 -文集　Ⅳ.①F127.51 - 53

中国版本图书馆 CIP 数据核字(2017)第 306660 号

责任编辑　忻雁翔
封面设计　人马艺术设计·储平

发展改革学术年刊 2015/2016
　　——第六届上海市发展改革经济学论坛
上海市发展改革研究院　著

出　　版　格致出版社
　　　　　上海人民出版社
　　　　　(200001　上海福建中路 193 号)
发　　行　上海人民出版社发行中心
印　　刷　苏州望电印刷有限公司
开　　本　720×1000　1/16
印　　张　11
插　　页　4
字　　数　165,000
版　　次　2018 年 4 月第 1 版
印　　次　2018 年 4 月第 1 次印刷
ISBN 978 - 7 - 5432 - 2820 - 7/F · 1079
定　　价　45.00 元

上海市发展改革研究院研究成果公开出版物

上海市发展改革研究院研究丛书

第一辑

《转型和创新的战略抉择》

《超越 GDP 的新理念新模式》

《中国战略性新兴产业的示范引领》

《发展改革学术年刊 2010/2011》

第二辑

《经济稳定增长与创新转型发展》

《发展改革学术年刊 2011/2012》

第三辑

《再改革议程》

《新产业革命与新战略》

《发展改革学术年刊 2012/2013》

第四辑

《主动开放战略与改革红利》

《发展改革学术年刊 2013/2014》

第五辑

《发展改革学术年刊 2014/2015》

《发展改革学术年刊 2015/2016》

中国金融研究丛书

《资本化与财富创造》

《特许经营管理》

《国家试验》

上海"四个中心"年度发展白皮书

《2009/2010 年上海国际经济、金融、贸易、航运中心发展报告》

《2010/2011 年上海国际经济、金融、贸易、航运中心发展报告》

《2011/2012 年上海国际经济、金融、贸易、航运中心发展报告》

《2012/2013 年上海国际经济、金融、贸易、航运中心发展报告》

《2013/2014 年上海国际经济、金融、贸易、航运中心发展报告》